선인들의 공부법

편역자 **박희병(朴熙秉)**

서울대 국문학과 및 동 대학원 국문학과를 졸업했다. 경성대 한문학과와 성균관대 한문교육과에서 학생들을 가르쳤으며, 현재 서울대 국문학과 교수로 재직 중이다. 저서로 『한국고전인물전연구』 『한국전기소설(傳奇小說)의 미학』 『한국의 생태사상』 『운화(運化)와 근대』 『연암을 읽는다』 『범애와 평등』 등이 있으며, 역서로 『나의 아버지 박지원』 『고추장 작은 단지를 보내니』 등이 있다.

선인들의 공부법

초판 1쇄 발행/1998년 1월 24일
초판 24쇄 발행/2013년 1월 3일

개정판 1쇄 발행/2013년 12월 30일
개정판 4쇄 발행/2021년 4월 1일

지은이/박희병
펴낸이/강일우
책임편집/윤동희
펴낸곳/(주)창비
등록/1986년 8월 5일 제85호
주소/10881 경기도 파주시 회동길 184
전화/031-955-3333
팩시밀리/영업 031-955-3399 편집 031-955-3400
홈페이지/www.changbi.com
전자우편/nonfic@changbi.com

ISBN 978-89-364-7237-5 03150

선인들의 공부법

박희병 편역

창비

새로 펴내며

이 책을 낸 지 어언 16년이 됐다. 당시 쓴 서문에서 나는 얼추 40년 가까이 공부를 했노라고 말했지만, 그사이 공부한 햇수가 늘어 이제 근 60년을 바라본다. 햇수가 늘어도 공부는 크게 늘지 않고, 공연히 세상에 대한 근심만 커지고 있다.

이 책은 한국이 외환위기를 맞은 직후 간행되었다. 외환위기는 한국인들에게 상반되는 두가지 태도를 낳았다. 하나는 배금주의와 냉혹한 이기주의이고, 다른 하나는 성장주의와 시장만능주의에 대한 비판적 성찰이다. 대다수 한국인은 전자의 태도를 보여주고 있으며, 후자는 극히 소수인 것처럼 관찰된다. 이 두 태도는 공부법도 다르게 마련인데, 이 책의 공부법은 후자와 내밀하게 관련되어 있다.

그러므로 타인을 지배하기 위해서나 타인 위에 군림하기 위한 공부, 경쟁에서 남을 이기려는 공부, 출세하기 위한 공부, 돈을 많이 벌고 부귀영화를 얻기 위한 공부, 오로지 이른바 좋은 대학 좋은 학과에 들어가기 위한 공부, 남이야 무슨 고통을 겪든 자기만 잘살면 된다는 일념으로 하는 공부, 지식을 얻기 위한 공부나 실용을 위한 공부는 이 책과는 무연하다.

이 책의 공부법은, 가령 눈 내리는 막막한 벌판에 홀로 서서, '나는 누구인가?' '나는 어떤 식으로 이 유한한 생을 살아야 옳은가?' '나는 어디로 가야 하는가?'라고 문득 스스로에게 절실히 물을 때 비로소 의미를 갖게 되는 그런 공부법이 아닌가 한다. 하지만 부나비가 불로 뛰어들듯 모두가 돈과 세속적 성공만을 위해 질주하는 이 상황에서 과연 누가 눈 내리는 막막한 벌판에 홀로 설 것인가.

2013년 세밑에

박희병

초판 서문

나는 명색이 국학자다. 대학에 입학한 이래 학문을 한 지는 이제 스무해가 넘었다. 그러나 공부한 햇수는 이보다 훨씬 더 많다. 다섯살 적 유치원 다닌 시절부터 계산한다면 얼추 40년 가까이 된다. 그런데 나는 요즘 공부하는 방법을 놓고 아주 심각한 고민에 빠져 있다. 나의 공부법이 뭔가 크게 잘못됐다는 것을 깨닫기 시작한 것이다.

내가 그 점을 깨달은 것은 생태주의를 공부하면서부터다. 이즈음 나는 동아시아 사상의 전통 속에서 근대를 넘어서는 생태주의적 대안을 모색하는 작업에 몰두해왔는데, 그 과정에서 내 학문을 떠받치고 있는 기초가 온통 서양 근대학문이라는 사실을 뼈저리게 자각하였다. 사실 근대학문이란 곧 '서양의' 근대학문을 의미한다. 서양의 근대학문은 전지구적으로 보편적인 규범으로 통용되고 있다. 그런데 바로 이 근대학문의 패러다임을 바꾸지 않는 한 새로운 삶, 새로운 세계관의 모색은 불가능하다.

새로운 학문론은 동서양의 학자들이 여러 각도에서 진지하게 모색해나가야 할 터이다. 그런 다양한 가능성을 열어두면서도, 우리는 우리가 속한 동아시아의 전통적 학문론에 우선적으로 주목할 필요가 있다고 본다. 동아시아의 전통적 학문론이라고 해서 긍정적인 요소만 있는 것은 결코 아니지만, 근대학문을 쇄신하거나 극복하는 데 도움이 되는 전제나 생각들이 적지 않다.

동아시아 학문론은 우선 윤리적 주체와 지식을 분리하지 않는다. 주체는 지식 속에 내면화되며, 지식은 주체의 한 역동적 과정이다. 그래서 안과 밖, 몸과 마음이 통일적으로 이해된다. 더 나아가 천지만물과 우주는 인간의 '몸—마음'과 서로 연결되어 있다는 전제 위에 서 있다. 그러므로 동아시아 학문론에서 지식은 죽은 지식일 수 없으며, 윤리적 주체의 심신心身과는 물론이려니와, 천지만물의 역동적 움직임과 살아 있는 연관을 맺지 않으면 안 된다. 이 점에서 '체득體得', 곧 몸으로 깨닫는 것이 중시된다. 몸으로 깨닫는 것은 동시에 마음으로 깨닫는 것이다. 마음으로 깨닫는다는 것은, 그저 지식을 대상화하여 바라보는 것이 아니라 지식과 윤리적 주체를 통합함을 의미한다. 이것이 이른바 공부의 '활법活法'이다.

그러므로 동아시아 학문론에서 말하는 학문이란 좁은 의미의 학문만을 의미하지 않는다. 오히려 '공부 일반'을 가리키는 아주 포괄적인 말이다. 오늘날의 맥락에서 본다면 그것은 전문 학자만의 전유물을 뜻하는 것이 아니라, 아동과 청소년, 장년과 노인 등 남녀노소가 자신의 인간적 완성을 위해 삶의 과정에서 불가피하게 수반하는 행위 일반을 가리키는 말로 발전적으로 해석할 수 있다. 이 때문에 동아시아 학문론에서는 삶의 과정 그 자체가 바로 공부의 과정이며, 삶과 공부는 별개의 것으로 분리되지 않는다. 이 점에서 일상생활의 언행을 비롯하여 세상을 살아가는 자세, 독서의 방법, 글쓰기의 원리, 마음을 다스리는 법, 몸가짐, 벗을 사귀는 법, 사물을 궁구窮究하는 법 등 세계와 우주 내의 모든 일이 공부의 대상이자 공부의 과정이다. 특별히 전문적이거나 고상한 어떤 영역만이 공부의 대상은 아니다.

이런 견지에서 보면 공부란 특별한 것이거나 억지로 해야 하는 것이 아니며, 살아 있는 동안 끊임없이 해나가면서 그것을 통해 자신의 인격을 향상시키고, 세상을 밝히며, 인간과 우주의 도道를 깨달아가는 과정이다. 이 책의 제목에서 굳이 '학문'이라는 말을 피하고 '공부'라는 말을 쓴 까닭이 여기에 있다.

이 책에는 중국과 우리나라의 옛 사람들 가운데 공부에 있어 크고 훌륭한 성취를 보여준 분들의 글을 주로 수록했다. 자세히 읽을 경우 그 내부에 다시 학문론의 차이가 없는 것은 아니지만 그러한 차이에도 불구하고 위에서 지적한 바와 같은 동아시아 학문론의 공통적 기반 위에 서 있다는 점만큼은 분명하다.

아무쪼록 이 책이 공부와 학문에 대한 우리의 생각을 바꾸고 새로운 공부법을 모색하고자 하는 사람들에게 약간의 도움이 되었으면 한다. 새로운 공부법이야말로 세상을 새롭게 열어나가는 중요한 단서가 된다고 생각하기 때문이다.

1997년 세밑에

박희병

차례

새로 펴내며 004
초판 서문 006

013 공자
배우고 때로 익히면 또한 기쁘지 아니한가

027 『대학』『중용』
천하를 다스리고자 하는 사람은 먼저 그 몸을 다스린다

035 정자
학문이란 안에서 찾는 것이다

047 장자
공부하는 사람은 기(氣)가 가벼워서는 안 된다

055 주자
공부는 닭이 알을 품는 것과 같다

075 왕양명
스스로 깨닫는 것은 일당백(一當百)의 공부가 된다

091 이황
학문하는 것은 거울을 닦는 데 비유할 수 있다

105 서경덕
공부하면 성인(聖人)이 될 수 있다

123 조식
경(敬)은 학문의 시작이요 끝이다

135 이이
공부를 하지 않으면 사람다운 사람이 될 수 없다

157 이익
훌륭한 스승을 만나려면 묻기를 좋아해야 한다

167 홍대용
큰 의심이 없는 자는 큰 깨달음이 없다

191 박지원
선비가 독서를 하면 그 은택이 천하에 미친다

203 정약용
학문은 천하의 공변된 것이다

221 김정희
글쓰기는 자신을 속이지 않는 데서부터 시작한다

235 최한기
상등의 학문은 기(氣)로 듣는다

배우고 때로 익히면
또한 기쁘지 아니한가

공자

공자

공자孔子의 이름은 구丘이고, 자字는 중니仲尼이다. 춘추시대 노魯나라 사람으로 생몰연대는 기원전 551~479년이다. 유교에서 성인聖人으로 받드는 인물이다. 자신의 학문을 세상에 펴 보고자 여러 나라를 떠돌아다녔으며, 이러한 노력이 좌절되자 만년에 고향으로 돌아와 교육에 전념하여 수많은 제자를 양성하였다.

그는, 인간은 배우는 존재로서 학문을 통해 도덕적 완성에 이를 수 있다고 확신하였다. 그래서 배움의 중요성을 그 무엇보다 강조하였다. 그러나 남에게 인정받거나 출세하기 위해서 하는 공부가 아니라 자기 자신의 도덕적 향상을 위한 공부야말로 진정한 공부이며, 이러한 바탕 위에서 세상에 대한 경륜도 나올 수 있다고 보았다. 또한 공부는 특별한 것이 아니요,

일상생활 속에서 즐거운 마음가짐으로 죽을 때까지 해나가는 것이라고 생각하였다. 공부의 즐거움, 이것이 공자가 설파한 진리였다.

여기에 실린 글은 그의 언행을 기록한 책인 『논어論語』에서 뽑았다.

배우고 때로 익히면 또한 기쁘지 아니한가. 뜻을 같이하는 벗이 멀리서 나를 찾아오면 또한 즐겁지 아니한가. 남이 나의 학문을 알아주지 않더라도 노여워하지 않는다면 또한 군자가 아니겠는가.

學而時習之, 不亦說乎! 有朋自遠方來, 不亦樂乎! 人不知而不慍, 不亦君子乎!

젊은이는 집에서는 효도하고 밖에서는 공손하며, 행실을 삼가고 말을 성실하게 하며, 널리 사람들을 사랑하되 어진 이와 친해야 한다. 이를 행하고 남는 힘이 있으면 학문을 한다.

弟子入則孝, 出則弟, 謹而信, 汎愛衆而親仁, 行有餘力, 則以學文.

● 군자가 진중하지 않으면 위엄이 없으니, 배워도 견고하지 못하다. 진실되고 성실함을 주로 하며, 자기만 못한 자를 벗삼으려 하지 말고, 허물이 있으면 고치기를 꺼리지 말아야 한다.

君子不重則不威, 學則不固, 主忠信, 無友不如己者, 過則勿憚改.

● 군자가 먹는 데 있어 배부르기를 바라지 않고, 거처함에 있어 편안하기를 바라지 않으며, 일을 부지런히 하고 말을 삼가며, 도道가 있는 이에게 찾아가서 자신을 바로잡는다면 가히 학문을 좋아한다고 이를 만하다.

君子食無求飽, 居無求安, 敏於事而愼於言, 就有道而正焉, 可謂好學也已.

● 배우기만 하고 생각하지 않으면 얻는 게 없고, 생각만 하고 배우지 않으면 위태롭다.

學而不思則罔, 思而不學則殆.

● 아는 것을 안다고 하고, 모르는 것을 모른다고 하는 것, 이것이 곧 아는 것이다.

知之爲知之, 不知爲不知, 是知也.

● 군자가 널리 배우고 그것을 예禮에 입각하여 요약한다면 도道에 어긋나지 않을 것이다.

君子博學於文, 約之以禮, 亦可以弗畔矣夫.

● 아침에 도를 들으면 저녁에 죽어도 좋다.

朝聞道, 夕死可矣.

● 도에 뜻을 두면서도 나쁜 옷과 나쁜 음식을 부끄러이 여기는 선비와는 더불어 도를 논할 수 없다.

士志於道而恥惡衣惡食者, 未足與議也.

● 재여宰予[1]가 낮잠을 자자, 공자께서 말씀하셨다.

"썩은 나무는 조각할 수 없고, 더러운 흙으로 쌓은 담장은

---

1 재여(宰予): 공자의 제자.

흙손질할 수가 없다. 재여를 꾸짖어서 무엇하겠는가?"

宰予晝寢, 子曰: "朽木不可雕也, 糞土之墻, 不可杇也, 於予與何誅?"

애공哀公[2]이 "제자 중에 누가 학문을 좋아합니까?" 하고 묻자, 공자께서 대답하셨다.

"안회顔回라는 이가 학문을 좋아하여 자신의 노여움을 남에게 옮기지 않고 같은 잘못을 두번 다시 저지르지 않았는데 불행히도 명이 짧아 죽었습니다. 그후로는 아직 학문을 좋아하는 자가 있다는 말을 들어보지 못했습니다."

哀公問: "弟子孰爲好學?" 孔子對曰: "有顔回者好學, 不遷怒, 不貳過, 不幸短命死矣. 今則亡, 未聞好學者也."

어질구나, 안회는! 한 그릇의 밥을 먹고 한 표주박의 물을 마시며 누추한 동네에 살면 사람들은 그 근심을 견디지 못하거늘, 안회는 학문하는 즐거움을 변치 아니하니 어질구나 안회는.[3]

---

2 애공(哀公): 노(魯)나라의 제후.

3 정자(程子)는 이에 대해 다음과 같이 설명하였다. "안회의 즐거움은 한 그릇

賢哉! 回也. 一簞食一瓢飮在陋巷, 人不堪其憂, 回也不改其樂, 賢哉回也.

염구冉求[4]가 "선생님의 도道를 좋아하지 않는 것은 아니지만 저는 힘이 부족합니다." 하고 말하자 공자께서 말씀하셨다.

"힘이 부족한 자는 중도에 그만두나니, 지금 너는 스스로 자신의 한계를 설정하는구나."

冉求曰: "非不說子之道, 力不足." 子曰: "力不足者, 中道而廢, 今女畫."

공자께서 자하子夏[5]에게 말씀하셨다.

"너는 군자다운 학자가 되고, 소인 같은 학자가 되지 말아라."[6]

子謂子夏曰: "女爲君子儒, 無爲小人儒."

의 밥을 먹고 한 표주박의 물을 마시며 누추한 동네에 사는 데 있는 것이 아니라, 가난에 그 마음이 얽매여 학문하는 즐거움을 그만두지 않은 데 있다."

4 염구(冉求): 공자의 제자.

5 자하(子夏): 공자의 제자.

6 군자다운 학자는 자신의 인격적 도야를 위해 공부하고, 소인 같은 학자는 이익을 얻고 남에게 명예를 구하기 위해 공부한다는 뜻임.

● 아는 것은 좋아하는 것만 못하고, 좋아하는 것은 즐거워하는 것만 못하다.

知之者不如好之者, 好之者不如樂之者.

● 묵묵히 마음에 간직하는 것, 배움에 싫증을 내지 않는 것, 사람 가르치기를 게을리하지 않는 것, 이 셋이 어찌 나에게 있겠는가.

默而識之, 學而不厭, 誨人不倦, 何有於我哉?

● 덕德이 닦이지 않는 것, 학문이 연마되지 않는 것, 의義를 듣고도 그것을 실행하지 않는 것, 불선不善을 고치지 못하는 것, 이것이 나의 근심거리다.

德之不修, 學之不講, 聞義不能徙, 不善不能改, 是吾憂也.

● 스스로 분발하지 않는 제자는 계발해주지 않고, 애태워하지 않는 제자에게는 말해주지 않는다. 한 모서리를 들어서 보여주는데 세 모서리로 응답하지 않으면 다시 일러주지 않는다.

不憤, 不啓, 不悱, 不發, 擧一隅, 不以三隅反, 不復也.

거친 밥 먹고 물 마시며 팔을 베고 누웠어도 학문하는 즐거움이 또한 그 가운데 있으니, 의롭지 못하면서 부귀함은 나에게는 뜬구름과 같다.

飯疏食飮水, 曲肱而枕之, 樂亦在其中矣, 不義而富且貴, 於我如浮雲.

섭공葉公[7]이 자로에게 공자의 인물됨을 물었는데, 자로가 대답하지 못했다. 이에 공자께서 말씀하셨다.

"너는 어찌 그 사람 됨됨이가, 분발하면 먹는 것도 잊고 진리를 깨달으면 즐거워 근심을 잊어 늙어가는 줄도 모른다고 말하지 않았느냐?"

葉公問孔子於子路, 子路不對. 子曰: "女奚不曰: '其爲人也, 發憤忘食, 樂以忘憂, 不知老之將至云' 爾?"

도道에 뜻을 두고, 덕德을 굳게 지키며, 인仁에 의지하고, 예藝를 즐겨야 한다.

---

7 섭공(葉公): 초나라 섭현(葉縣)의 수령인 심제량(沈諸梁).

志於道, 據於德, 依於仁, 游於藝.

● 나는 나면서부터 안 자가 아니요, 옛것을 좋아하여 부지런히 그것을 추구한 사람일 뿐이다.

我非生而知之者, 好古敏以求之者也.

● 세 사람이 길을 가면 그중에 반드시 나의 스승이 있게 마련이니, 훌륭한 사람은 본받고 훌륭하지 못한 사람을 통해서는 자신의 잘못을 고치도록 한다.

三人行必有我師焉, 擇其善者而從之, 其不善者而改之.

● 알지 못하면서 함부로 행동하는 일이 있는가? 나는 이런 일이 없다. 많이 듣고서 그 좋은 것을 가려서 따르며 많이 보고서 기억해두는 것, 이것이 앎에 버금간다.

蓋有不知而作之者? 我無是也. 多聞, 擇其善者而從之, 多見而識之, 知之次也.

시詩에서 도덕적 마음을 흥기시키고, 예禮를 통해 자신을 세우며, 음악에서 자신을 완성한다.

興於詩, 立於禮, 成於樂.

3년을 배우고도 벼슬에 뜻을 두지 않는 자를 만나기란 쉽지 않다.

三年學, 不至於穀, 不易得也.

군자는 자기가 알지 못하는 데 대해서는 말하지 않는다.

君子於其所不知, 蓋闕如也.

배울 때는 미처 다 배우지 못할까 걱정하고, 행여 배움의 때를 잃을까 두려워해야 한다.

學如不及, 猶恐失之.

공자께서 시냇가에 계시면서 말씀하셨다.

"가는 것이 저 물과 같도다! 밤낮을 그치지 않는구나."[8]

子在川上, 曰: "逝者如斯夫. 不舍晝夜."

학문을 하는 것은 산을 만드는 것과 같다. 마지막 흙 한삼태기를 붓지 않아 산을 못 이루더라도 그 중지하는 것은 내가 중지하는 것이며, 평지에 흙 한삼태기를 붓더라도 그 나아감은 내가 나아가는 것이다.

譬如爲山, 未成一簣, 止吾止也; 譬如平地, 雖覆一簣, 進吾往也.

안연顔淵[9]이 인仁에 대해 묻자 공자께서 말씀하셨다.

"자기의 사욕을 이겨 예禮에 돌아감이 인仁을 실천하는 것이니, 하루 동안이라도 사욕을 이겨 예에 돌아가면 천하가 인에 돌아간다. 인을 실천하는 게 자기에게 달렸지 남에게 달려 있겠는가?"

안연이 "그 자세한 내용을 듣고 싶습니다."라고 말하자 공자께서 말씀하셨다.

"예禮가 아니면 보지 말며, 예가 아니면 듣지 말며, 예가 아니면 말하지 말며, 예가 아니면 움직이지 말아야 한다."

---

8 공부하는 사람은 흐르는 물처럼 쉬지 않고 부지런히 노력해야 한다는 뜻이다.
9 안연(顔淵): 안회(顔回). 자(字)가 자연(子淵)이므로 '안연'이라 불림.

顔淵問仁, 子曰: "克己復禮爲仁, 一日克己復禮, 天下歸仁焉, 爲仁由己, 而由人乎哉? 顔淵曰: "請問其目." 子曰: "非禮勿視, 非禮勿聽, 非禮勿言, 非禮勿動."

● 옛날의 학자들은 자신을 위한 학문을 했는데 지금의 학자들은 남을 위한 학문을 한다.[10]

古之學者爲己, 今之學者爲人.

● "어쩌면 좋을까, 어쩌면 좋을까." 하고 말하지 않는 사람에게는 나도 어떻게 해줄 수가 없다.

不曰如之何如之何者, 吾未如之何也已矣.

● 사람이 도道를 넓히는 것이지 도가 사람을 넓히는 건 아니다.

---

10 정자(程子)는 이 말에 대해 다음과 같이 설명했다. "자신을 위한다고 말한 것은 도(道)를 자기 몸에 얻고자 함을 가리킨 것이요, 남을 위한다고 말한 것은 남에게 인정을 받고자 함을 가리킨 것이다. 옛날의 학자들은 자신을 위한 학문을 하여 궁극적으로는 남을 훌륭하게 만들어주는 데 이르렀고, 지금의 학자들은 남을 위한 학문을 하여 끝내는 자신을 상실하는 데 이른다."

人能弘道, 非道弘人.

내가 일찍이 종일토록 밥도 먹지 않고 밤새도록 잠도 자지 않고서 생각했으나 유익함이 없었다. 배우는 것만 같지 못했다.

吾嘗終日不食, 終夜不寢以思, 無益. 不如學也.

천하를 다스리고자 하는 사람은 『대학』

먼저 그 몸을 다스린다 『중용』

『대학』

『대학大學』은 본래 『예기禮記』의 한편인데, 송나라 때 이르러 사서四書의 한책으로 독립되었다. 작자는 알 수 없다.

주자朱子에 의하면 '대학'은 대인大人의 학문, 즉 군자로서 올바른 행실을 하게 하는 학문이다. 흔히 『대학』에는 3강령綱領과 8조목條目이 있다고 말한다. 밝은 덕을 밝힘〔明明德〕, 백성과 친함〔親民〕, 지극한 선에 그침〔止於至善〕이 3강령이요, 사물을 궁구함〔格物〕, 앎을 이룸〔致知〕, 뜻을 참되게 함〔誠意〕, 마음을 바르게 함〔正心〕, 몸을 닦음〔修身〕, 집을 다스림〔齊家〕, 나라를 다스림〔治國〕, 천하를 평안하게 함〔平天下〕이 8조목이다.

『대학』은 이 3강령과 8조목을 통해, 군자란 모름지기 자신의 인격 수양과 세상의 다스림을 학문적으로 통일해야 함을 강조하고 있다. 인격 수양은 공동선共同善을 지향하며 공동선은 인격 수양을 전제하는 셈이다.

요컨대 『대학』은 공부의 처음과 끝, 그리고 이 둘의 상호관계를 잘 밝히고 있다 하겠다.

대학의 도道는 밝은 덕德을 밝히고, 백성과 친하며,[1] 지극한 선善에 그치는 데 있다. 그침을 안 이후에 뜻이 정해짐이 있고, 뜻이 정해진 이후에 마음이 고요해질 수 있으며, 마음이 고요해진 이후에 처한 바가 편안해지고, 처한 바가 편안해진 이후에 깊이 생각할 수 있으며, 깊이 생각한 이후에 도를 터득할 수 있다.[2]

사물에는 근본과 말단이 있고, 일에는 처음과 끝이 있으니, 무엇을 먼저하고 무엇을 나중에 해야 할지를 안다면 도에 가깝다.

大學之道, 在明明德, 在親民, 在止於至善. 知止而后, 有定, 定而

1 백성과 친하며: 주자는 이 구절을 "백성을 새롭게 하며"(新民)라고 해석했다. 본래 이 구절의 『대학』 원문은 "친민(親民)"인데, 주자는 그것이 착오라며 "신민(新民)"으로 고쳐 해석했던 것이다. 그러나 명나라의 왕양명(王陽明)이나 청나라의 고증학자들이 밝혔듯이 주자의 이러한 주장은 잘못된 것이다.

2 도를 터득할 수 있다: 이 구절을 한대(漢代)의 훈고학자인 정현(鄭玄)은 "일의 마땅함을 얻는다."라고 풀이했고, 송나라의 주자는 "그칠 바를 얻는다."라고 풀이했다.

后, 能靜, 靜而后, 能安, 安而后, 能慮, 慮而后, 能得.

物有本末, 事有終始, 知所先後, 則近道矣.

옛날에 밝은 덕德을 천하에 밝히고자 한 사람은 먼저 그 나라를 다스렸으며, 그 나라를 다스리고자 한 사람은 먼저 그 집을 다스렸고, 그 집을 다스리고자 한 사람은 먼저 그 몸을 다스렸다. 그 몸을 다스리고자 한 사람은 먼저 그 마음을 다스렸고, 그 마음을 다스리고자 한 사람은 먼저 그 뜻을 참되게 했으며, 그 뜻을 참되게 하고자 한 사람은 먼저 그 앎을 이루었다. 앎을 이루는 것은 사물을 궁구함에 있다.

사물을 궁구한 후에 앎이 이루어지고, 앎이 이루어진 후에 뜻이 참되게 되며, 뜻이 참되게 된 후에 마음이 바르게 되고, 마음이 바르게 된 후에 몸이 닦이며, 몸이 닦인 후에 집안이 바로잡히고, 집안이 바로잡힌 후에 나라가 다스려지며, 나라가 다스려진 후에 천하가 평안하게 된다.

천자에서 서민에 이르기까지 모두 자신의 몸을 닦는 게 근본이다. 근본이 어지러운데 말단이 다스려지는 법은 없다.

古之欲明明德於天下者, 先治其國, 欲治其國者, 先齊其家, 欲齊其家者, 先脩其身, 欲脩其身者, 先正其心, 欲正其心者, 先誠其意, 欲誠其意者, 先致其知, 致之在格物.

格物而后, 知至, 知至而后, 意誠, 意誠而后, 心正, 心正而后, 身脩, 身脩而后, 家齊, 家齊而后, 國治, 國治而后, 天下平.

自天子以至於庶民, 壹是皆以脩身爲本. 其本亂而末治者, 否矣.

● 뜻을 참되게 한다는 것은 자신을 속이지 않는 것이다.

所謂誠其意者, 毋自欺也.

● 몸을 닦는 것이 마음을 바르게 하는 데 있다고 한 것은, 몸에 분노가 있으면 올바름을 얻지 못하고, 두려움이 있어도 올바름을 얻지 못하며, 좋아하고 기뻐함이 있어도 올바름을 얻지 못하고, 근심 걱정이 있어도 올바름을 얻지 못하기 때문이다.

所謂脩身在正其心者, 身有所忿懥則不得其正, 有所恐懼則不得其正, 有所好樂則不得其正, 有所憂患則不得其正.

『중용』

『중용中庸』은 『대학』과 마찬가지로 원래 『예기』의 한편이었는데, 송나라 때 이르러 사서四書의 한책으로 독립되었다. 전통적으로 공자의 손자인 자사子思를 그 저자로 간주해왔으나, 그렇지 않다는 주장도 있다.

유교의 경전 가운데 가장 철학적인 책이다. '중용'이란 간단히 말해 지나치거나 모자람이 없는 덕德이다. 이는 저 자연自然이 보여주는 균형과도 통하는바, 끊임없이 변해가는 상황 속에서 시의時宜에 맞는 올바름을 추구하는 것이다. 그러므로 중용에 이르기 위해선 하늘의 도를 본받아 자신을 수양하고 학문을 확충하지 않으면 안 된다.

사람은 잠시도 도道를 떠날 수 없다. 잠시라도 떠날 수 있다면 그건 도가 아니다. 그러므로 군자는 남이 보지 않는 곳에 있더라도 경계하고 삼가며, 남이 듣지 못하는 곳에 있더라도 두려워하고 조심한다. 안 보이는 곳보다 더 잘 드러나는 곳은 없으며, 작은 일보다 더 잘 눈에 띄는 건 없다. 그러므로 군자는 그 혼자 있을 때를 삼가는 법이다.

道也者, 不可須臾離也, 可離, 非道也. 是故, 君子戒愼乎其所不睹, 恐懼乎其所不聞. 莫見乎隱, 莫顯乎微, 故君子, 愼其獨也.

• 군자는 중용을 지키고, 소인은 중용을 어긴다.

君子中庸, 小人反中庸.

• 비유컨대 군자의 도는 멀리 가려 할 때는 반드시 가까운 곳으로부터 시작하고, 높이 올라가려 할 때는 반드시 낮은 곳으로부터 시작하는 것과 같다.

君子之道, 辟如行遠, 必自邇; 辟如登高, 必自卑.

• 널리 배우고, 자세히 묻고, 신중하게 생각하고, 밝게 분변하고, 독실하게 행하여야 한다.

배우지 않으면 모르겠거니와 배울진댄 능하지 못함이 없어야 하며, 묻지 않으면 모르겠거니와 물을진댄 알지 못함이 없어야 하며, 생각하지 않으면 모르겠거니와 생각할진댄 얻지 못함이 없어야 하며, 분변하지 않으면 모르겠거니와 분변할진댄 밝지 못함이 없어야 하며, 행하지 않으면 모르겠거니와 행할진댄 독실하지 않음이 없어야 한다.

남이 한번 해서 그것에 능하다면 자기는 백번 할 것이며, 남이 열번 해서 그것에 능하다면 자기는 천번 할 것이다.

博學之, 審問之, 愼思之, 明辨之, 篤行之. 有弗學, 學之, 弗能弗措也; 有弗問, 問之, 弗知弗措也; 有弗思, 思之, 弗得弗措也; 有弗辨, 辨之, 弗明弗措也; 有弗行, 行之, 弗篤弗措也, 人一能之, 己百之, 人十能之, 己千之.

● 군자는 덕성을 높이고, 학문을 해야 한다. 그리하여 광대함을 이루되 정미精微함을 다하고, 높고 밝은 덕을 지극히 하여 중용을 추구하며, 옛것을 연구하여 새로운 이치를 찾아내고, 돈후하면서도 예禮를 숭상해야 한다.

君子尊德性而道問學, 致廣大而盡精微, 極高明而道中庸, 溫故而知新, 敦厚以崇禮.

정자

학문이란 안에서 찾는 것이다

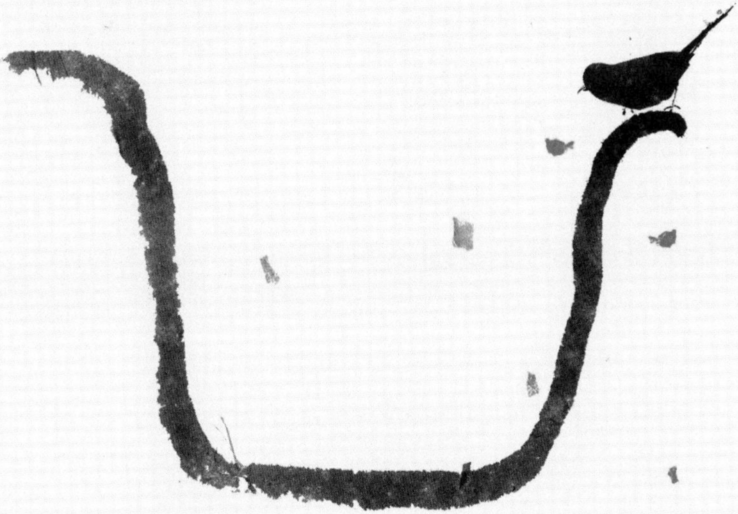

정자

송나라의 성리학자인 정호程顥, 1032~85, 정이程頤, 1033~1107 형제를 함께 일컬어 '정자程子'라고 한다. 흔히 정호를 명도明道 선생, 정이를 이천伊川 선생이라 칭한다. 두 사람은 송나라 때 발흥한 성리학의 기틀을 마련하여, 후에 주자朱子가 성리학을 집대성할 수 있게 해주었다.

성리학은 기존의 유학과는 그 성격이 크게 다른바, 사변적이고 형이상학적인 성향을 강하게 띠는 독자적인 진리체계를 발전시켰다. 이 때문에 학문의 관점, 태도, 방법, 자세 등에 있어 새로운 논리로 무장할 필요가 있었다. 학문론의 쇄신이 이루어진 것이다. 성리학자들이 학문론을 많이 개진했던 것은 이 점과 관련된다. 정자 역시 왜 공부해야 하며, 어떻게 공부할 것이며, 무엇을 공부해야 하는지에 대해 진지하고도 깊이있는 성찰을 보여준다.

여기에 실린 글은 『이정전서二程全書』 『성리대전性理大全』 『근사록近思錄』 등에서 뽑았다.

학문이라는 것은 안에서 찾는 것이다. 안에서 찾지 않고 밖에서 찾는 것은 성인聖人의 학문이 아니다.

學也者, 使人求於內也. 不求於內, 而求於外, 非聖人之學也.

학문은 자득自得: 스스로 터득함보다 더 귀한 것이 없는데, 밖에서 얻는 것이 아니므로 자득이라고 한다. 자득하지 못하면 늙어서는 학문이 더욱 쇠퇴하게 된다.

學莫貴於自得, 得非外也, 故曰自得. 學而不自得, 則至老益衰.

옛날의 공부하는 사람은 조용히 학문의 깊은 이치를 음미해 선후 본말이 분명했는데, 오늘날 공부하는 사람은 이러쿵저러쿵 말만 하면서 높고 먼 것에만 힘쓸 뿐이다.

古之學者, 優遊厭飫, 有先後次序; 今之學者却只做一場說話, 務高而已.

알면 반드시 좋아하게 되고, 좋아하면 반드시 찾게 되며, 찾으면 반드시 얻게 되리니, 죽는 날까지 공부를 그만두어선 안 된다.

知之必好之, 好之必求之, 求之必得之, 古人此箇學, 是終身事.

대저 학문에 있어 듣고 아는 것이 모두 자득自得이 되지는 못하니, 자득이란 모름지기 말없이 마음에 새겨 마음으로 아는 것이다. 공부하는 자가 자득하고자 한다면 자신의 뜻을 진실되게 하고 이치를 밝혀야 할 것이다.

大凡學問, 聞之知之, 皆不爲得, 得者, 須默識心通. 學者欲有所得, 須是要誠意燭理.

견문과 식견이 많은 것은 널리 약재藥材를 저장하는 것과 같으니, 중요한 건 그것을 어디에 쓰느냐 하는 것이다.

多聞識者, 猶廣儲藥物也, 知所用爲貴.

모르는 것을 부끄러워하여 묻지 않는다면 끝내 모를 것

이요, 모른다고 생각하여 반드시 알려고 한다면 마침내 알게 될 것이다.

恥不知而不問, 終於不知而已, 以爲不知而必求之, 終能知之矣.

학문을 해도 진리를 알지 못하는 사람은 술 취한 사람과 같다. 한창 취했을 때야 무슨 짓인들 못 하리오마는 술이 깨면 반드시 부끄러워할 것이다. 술이 깨어서도 부끄러워할 줄 모르는 사람은 어찌할 수 없다.

學而未有所知者, 譬猶人之方醉也, 亦何所不至, 及其旣醒, 必惕然而恥矣. 醒而不以爲恥, 末如之何也.

오늘날의 공부하는 사람은 산등성이를 오르는 것과 같아서 산 아래의 구불구불한 길에서는 활보를 하다가도 높은 곳에 이르면 물러선다.

今之學者, 如登山麓, 方其迤邐, 莫不闊步, 及到峻處, 便逡巡.

군자의 학문은 반드시 날마다 새로워야 한다. 날마다 새롭다는 것은 날마다 나아간다는 말이다. 날마다 새롭지 아니한 사람은 반드시 날마다 퇴보하나니, 나아가지 않는데 퇴보하지 않는 사람은 없다.

君子之學, 必日新. 日新者, 日進也. 不日新者, 必日退, 未有不進而不退者.

군자에게는 공부보다 더 자기를 향상시키는 방법은 없고, 스스로 한계를 설정하는 것보다 더 자신을 지체시키는 건 없다. 또 스스로 만족하는 것보다 더 큰 잘못이 없고, 자포자기하는 것보다 더 나쁜 게 없다.

君子莫進於學, 莫止於畫, 莫病於自足, 莫罪於自棄.

공부하는 자는 그 생각과 포부가 원대하지 않으면 안 된다. 그러나 실행할 때는 모름지기 자신의 역량을 헤아려 점진적으로 해야 한다. 뜻이 커 마음이 수고로우며, 힘은 적은데 소임이 무겁다면 결국 일을 그르치고 말 것이다

學者所見所期, 不可不遠且大. 然行之亦須量力有漸, 志大心勞, 力小任重, 恐終敗事.

장인匠人이 물건을 만드는 건 그것을 사용하기 위해서다. 물건을 만들어도 쓸모가 없다면 장인은 만들지 않을 것이다. 마찬가지로 학문을 해서 쓸모가 없다면 학문은 해서 무엇하겠는가.

百工治器, 必貴於有用, 器而不可用, 工不爲也. 學而無所用, 學將何爲也?

배우는 자가 도道에 대해 들었다 하더라도 그 도가 자기 마음이나 행실에 나타나지 않는다면 그가 들은 것은 그저 남의 말일 뿐이다. 그러니 자기 자신과 무슨 상관이 있겠는가.

學者有所聞, 而不著乎心, 不見乎行, 則其所聞, 故自他人之言耳, 於己何與焉?

학문을 하면서도 이름을 탐하는 것은 속알이 부족해서다.

學而爲名, 內不足也.

도에 뜻을 두었으면서도 그 공부에 진전이 없는 것은 용기가 없어서다.

有志於道, 而學不加進者, 是無勇也.

장기와 바둑은 작은 재주지만 마음을 오로지하고 뜻을 다하지 않으면 그 도道를 배울 수 없거늘, 하물며 성인聖人의 도를 배우고자 하면서 부지런히 힘쓰지 않고서 자득自得할 수 있겠는가. 공자께서 말씀하시기를,

"내가 일찍이 종일토록 밥도 먹지 않고 밤새도록 잠도 자지 않고서 생각했으나 유익함이 없었다. 배우는 것만 같지 못했다."

라 하시고, 또 말씀하시기를,

"아침에 도를 들으면 저녁에 죽어도 좋다."

라 하셨는데, 성인께서 무엇 때문에 이처럼 지극히 절박한 말씀을 하셨겠는가? 학문을 잘 하고자 하는 사람은 마땅히 그 까닭을 생각해야 할 것이며, 글귀만 외우거나 건성으로 보아서는 안 될 일이다. 공자께서는 "배울 때는 미처 다 배우지 못할까 걱정하고 행여 배움의 때를 놓칠까 두려워해야 한다."라고 하셨거늘, 구차하게 내일부터 공부하겠다고 말하는 것은 자포자기하는 것이라 하겠다.

博奕小技也, 不專心致志, 猶不可得, 況學聖人之道, 悠悠焉何能自得也? 孔子曰: "吾嘗終日不食, 終夜不寢以思, 無益. 不如學也."

又曰: "朝聞道, 夕死可矣." 夫聖人何所爲, 而迫切至於如是其極哉? 善學者, 當求其所以然之故, 不當誦其文過目而已也. "學如不及, 猶恐失之." 苟曰姑俟來日, 斯自棄也.

생각을 안 하기 때문에 어리석어지고, 구하지 않기 때문에 얻지 못하며, 묻지 않기 때문에 알지 못한다.

不思故有惑, 不求故無得, 不問故莫知.

학문은 박식한 게 중요하지 않고 올바른 게 중요하니, 올바르면 박식할 수 있다.

學不貴博, 貴於正而已, 正則博.

암기 위주의 공부와 박식을 추구하는 공부는, 물건을 갖고 노는 것과 같아 본심을 잃게 만든다.

記誦博識, 爲玩物喪志.

게으른 마음이 한번 생기면 곧 자포자기에 빠지게 된다.

懈意一生, 便是自棄自暴.

널리 배우고, 자세히 묻고, 신중하게 생각하고, 밝게 분변하고, 독실하게 실천해야 한다. 이 다섯가지 중에 하나라도 빠뜨린다면 올바른 공부가 아니다.

博學之, 審問之, 愼思之, 明辨之, 篤行之. 五者廢其一, 非學也.

『논어』를 읽는 사람은, 공자의 여러 제자들이 공자에게 질문한 말을 자기가 질문한 말로 삼고 공자가 대답한 말을 오늘날 자기가 들은 것으로 삼아야 할 것이다. 그렇게 한다면 자연히 얻는 게 있을 것이다.

讀論語者, 但將諸弟子問處, 便作己問, 將聖人答處, 便作今日耳聞, 自然有得.

『논어』를 읽은 다음에 전혀 아무런 일도 없었던 듯하는 사람이 있는가 하면, 그중 한두 구절에 대해 기뻐하는 사람도 있고, 참 좋구나 하고 생각하는 사람이 있는가 하면, 너무 즐거워 자기도 모르게 손발을 움직여 춤을 추는 사람도 있다.

論語有讀了後全無事者, 有讀了後其中得一兩句喜者, 有讀了後知好之者, 有讀了後不知手之舞之足之蹈之者.

장자

공부하는 사람은
기(氣)가 가벼워서는 안 된다

장자

장자張子의 이름은 재載이고, 호는 횡거橫渠이다. 송나라의 성리학자로 생몰연대는 1020~77년이다. 정자程子와 함께 송나라 초기의 대표적 도학자로 꼽힌다.

그는 만물의 근원이 이理에 있지 않고 기氣에 있다고 생각한 기철학자氣哲學者였다. 우주의 모든 존재와 현상, 인간 세계의 모든 일, 삶과 죽음, 이 모든 것이 기의 운행변화로 설명될 수 있다고 보았다. 천지 사이에 가득 차 있어 물아物我에 형체를 부여하는 것은 기이며, 이 점에서 무생물과 생물, 만물과 나, 나와 남은 벗이며 동포라고 주장하였다. 이처럼 그는 기를 근거로 물아일체와 사해동포의 사상을 강력히 전개하였다. 이러한 사상적 입장은 그의 학문론에 그대로 반영되고 있다.

여기에 실린 글은 『장자전서張子全書』 『성리대전』 『근사록』 등에서 뽑았다.

● 천지를 위해서 뜻을 세우고, 백성을 위하여 도道를 세우고, 옛 성인聖人을 위하여 학문을 이어받고, 만세萬世를 위하여 태평한 세상을 열어야 한다.

爲天地立心, 爲生民立道, 爲去聖繼絶學, 爲萬世開太平.

● 모름지기 마음을 활달하고 너그럽고 상쾌하고 공평하게 가져야만 비로소 도를 볼 수 있다.

須放心寬快公平以求之, 乃可見道.

● 사람들은 대개 노성老成해지면 아랫사람에게 물으려 하지 않는다. 그러므로 죽을 때까지 도를 깨닫지 못한다. 또한 남에게 도를 먼저 깨달았다고 자처하기 위해서는 모르는 게 있다고 말하면 안 되므로 아랫사람에게 묻지 않는다. 모르는 것을 묻지 않는 데서 온갖 병폐가 생기고, 남과 자신을 속이면서 죽을 때까지 도를 깨닫지 못하게 되는 것이다.

人多以老成則不肯下問, 故終身不知. 又爲人以道義先覺處之, 不可復謂有所不知, 故亦不肯下問. 從不肯問, 遂生百端, 欺妄人我, 寧終身不知.

● 배움이 크게 이롭다는 것은, 그것을 통해 자신의 기질을 변화시킬 수 있어서다.

爲學大益, 在自求變化氣質.

● 의문이 없다면 충실히 공부한 게 아니다. 충실하게 공부하면 반드시 의문이 생기나니, 납득이 되지 않는 것 이것이 곧 의문이다.

不知疑者只是不便實作, 旣實作則須有疑, 有不行處是疑也.

● 마음이 크면 만사가 다 통하고, 마음이 작으면 만사가 다 병이 된다.

心大則百物皆通, 心小則百物皆病.

● 안과 밖을 합하고 만물과 나를 평등히 하는 데서 도道의

큰 실마리를 볼 수 있다.

合內外平物我, 此見道之大端.

출세할 생각으로 공부한다면 공부에 해가 된다. 그런 생각을 가지면 반드시 이치에 맞지 않는 말을 하면서 견강부회하게 되므로 문제를 일으킨다.

旣學而先有以功業爲意者, 於學便相害. 旣有意, 必穿鑿刱意作起事端也.

내가 일찍이 개탄한 것은, 공자와 맹자의 시대가 까마득하여 여러 선비들이 떠들기만 하고 도의 요체에 돌아가 그 근원을 궁구할 줄 몰랐으며, 분수 밖의 일을 하는 데 용감하여 변변찮은 자질로써 후세에 이름을 알리기에 급급했다는 사실이다. 그러나 현명한 사람은 그들의 마음속을 훤히 들여다보므로 그 천박함을 감출 수 없다. 그들은 스스로의 역량을 알지 못했던 것이다.

竊嘗病孔孟旣沒, 諸儒囂然, 不知反約窮源, 勇於苟作, 持不逮之資而急知後世. 明者一覽, 如見肺肝然, 多見其不知量也.

배움이 이루어지기 전에 변통變通[1]을 말하기 좋아하면 반드시 우환이 있게 됨을 알아야 할 것이다. 변통이란 가볍게 논의해서는 안 된다. 높은 경지에 이르지 않았으면서 성급히 변통을 말한다면 올바른 태도가 아니다.

學未至而好語變者, 必知終有患. 蓋變不可輕議, 若驟然語變則知操術已不正.

공부하는 사람은 뜻이 작거나 기氣가 가벼워서는 안 된다. 뜻이 작으면 쉽게 만족하고, 쉽게 만족하면 발전이 없다. 또 기가 가벼우면 모르는 것을 아는 체하고, 배우지 않은 것을 배운 체한다.

學者大不宜志小氣輕. 志小則易足, 易足則無由進. 氣輕則以未知爲已知, 未學爲已學.

공부를 하면서도 사리를 궁구하지 못하는 것은 마음이 순수하지 못해서다.

學不能推究事理, 只是心麤.

1 변통(變通): 법도와 원칙을 고수하기보다 그때그때의 상황에 따라 융통성 있게 일을 처리함을 가리키는 말.

박학한 사람은 간난함을 거쳐 마음이 형통해지도록 해야 한다. 어려움과 험난함을 겪어야 비로소 마음이 형통해진다.

博學於文者, 只要得習坎心亨. 蓋人經歷險阻艱難, 然後其心亨通.

이치에 의문이 생기면 옛 견해를 버리고 새로운 의견을 받아들여야 한다. 마음에 깨달은 것이 있으면 즉시 기록해둘 일이다. 생각을 하지 않으면 마음이 도로 막히게 된다.

義理有疑, 則濯去舊見, 以來新意. 心中苟有所開, 卽便箚記. 不思則還塞之矣.

생각하다가 막히는 곳이 있으면 처음부터 다시 자세히 생각하여 밝게 분변하는 것이 좋은 공부법이다.

凡致思到說不得處, 始復審思明辨, 乃爲善學也.

농지거리는 일을 해칠 뿐만 아니라, 그 옳지 못한 기운이 뜻을 흐트러뜨린다. 그러므로 농지거리를 하지 않음은 뜻을 지키는 한 실마리가 된다.

戲謔不惟害事, 志亦爲氣所流. 不戲謔, 亦是持志之一端.

경박함을 바로잡고, 게으름을 경계해야 한다.

矯輕警惰.

공부하는 사람은 욕심을 적게 가져야 한다.

學者要寡慾.

공부는 닭이 알을 품는 것과 같다

주자

주자

주자朱子의 이름은 희熹, 호는 회암晦庵이다. 송나라의 성리학자로 생몰연대는 1130~1200년이다. 정명도程明道, 정이천程伊川, 장횡거張橫渠 등 선배 도학자들을 계승하여 성리학을 집대성하였다.

그는 만물의 근원은 이理이지만, 만물에 형체를 부여하는 것은 기氣라고 보았다. 그리고 이理는 지극히 선한 것으로서 인간은 하늘로부터 이理를 받아 태어나며 이것이 인간의 본성을 이룬다고 생각하였다. 그러나 인간은 선한 본성을 구현하기 위해 끊임없이 도덕적 수양을 하지 않으면 안 되며, 도덕적 수양을 위해서는 사물의 이치를 궁구하여 깨닫는 것이 필요하다고 했다. 이 점에서 그는 앎과 학문을 대단히 중요시했다. 인격의 완성에 있어 학문이 본질적인 의의를 갖는다고 본 것이다. 이런 입장을 견지했으므로 그는 공부하는 방법과 자세, 태도 등에 관해 많은 단상을 남기고 있다.

여기에 실린 글은 『주자어류朱子語類』 『성리대전』 등에서 뽑았다.

학문하는 것은 비유컨대 집을 짓는 것과 같다. 모름지기 먼저 몸체를 세우고, 그 다음 속으로 들어가 벽을 만들어 견고하게 해야 한다. 지금 사람들은 대부분 집을 크게 지을 줄을 모르고 조그만 방이나 지으려 하기 때문에 일을 이루지 못한다.

爲學須先立得箇大腔當了, 却旋去裏面, 修治壁落, 敎綿密, 今人多是未曾知得箇大規模, 先去修治得一間半房, 所以不濟事.

도리를 아는 데는 근원을 아는 것이 바탕이 된다. 만일 집을 지으려면 모름지기 먼저 터를 닦아 튼튼하게 한 후 그 위에 집을 세워야 한다. 만일 좋은 터가 없다면 오늘 재목을 사서 집을 짓더라도 얼마 안 있어 다른 사람의 땅에 다시 집을 지어야 하므로 안주할 수가 없다.

識得道理, 源頭便是地盤. 如人要起屋, 須是先築敎基址堅牢, 上面方可架屋. 若自無好基址, 空自今日買得多少木去起屋, 少間只起在別人地上, 自家身已自沒頓放處.

◆ 성현의 온갖 말씀은 비근한 것부터 공부하기를 가르쳤다. 이는 비유컨대 큰 방을 청소하는 일이 작은 방을 청소하는 일과 마찬가지여서 작은 방을 깨끗이 청소할 수 있다면 큰 방 역시 그렇게 할 수 있는 것과 같다. 그러나 만일 작은 방만 청소하고 큰 방은 청소하지 않는다면 이는 작은 방을 청소하는 데에도 그 마음을 다하지 않은 게 된다. 학문하는 자가 높은 것을 탐하고 먼 것만 사모하여 비근한 것부터 해가려고 아니하니 어찌 근본을 알겠는가.

聖賢千言萬語, 教人且從近處做去, 如灑掃大廳大廊, 亦只是如灑掃小室模樣, 掃得小處淨潔, 大處亦然. 若有大處開拓不去, 卽是於小處, 便不曾盡心. 學者貪高慕遠, 不肯從近處做去, 如何理會得大頭項底?

◆ 만일 아직 학문에 입문하지 못한 상태라면 다그쳐 공부해서도 안 되고 쉬엄쉬엄 공부해서도 안 된다. 이 도리를 알았다면 모름지기 중단하지 말고 공부해야 한다. 만일 중단한다면 공부를 이루지 못하나니, 다시 시작하자면 또 얼마나 힘이

들겠는가. 이는 비유컨대 닭이 알을 품는 것과 같다. 닭이 알을 품고 있지만 뭐 그리 따뜻하겠는가. 그러나 늘 품고 있기 때문에 알이 부화되는 것이다. 만일 끓는 물로 알을 뜨겁게 한다면 알은 죽고 말 것이며, 품는 것을 잠시라도 멈춘다면 알은 식고 말 것이다.

若不見得入頭處, 緊也不可, 慢也不得. 若識得此路頭, 須是莫斷了. 若斷了, 便不成. 待得再新整頓起來, 費多少力. 如鷄抱卵, 看來抱得有甚暖氣? 只被他常常任地抱得成, 若把湯去湯, 便死了, 若抱纔住, 便冷了.

산만한 마음을 수습하는 것이 공부하는 데 긴요하다.

收拾放心, 乃是緊切下工夫處.

학문에서 중요한 것은 투철하게 보는 일이다. 그러나 자신의 마음을 수양하고 앎을 이루는 공부(主敬致知)를 하지 않는다면 학문에 입문할 수 없다.

學問緊要, 是見處要得透徹. 然不自主敬致知上著工夫, 亦無入頭處也.

학문을 하는 데에 비근함을 싫어해서는 안 된다. 비근하면 비근할수록 공부는 더욱 충실해지고 얻는 것은 더욱 고원高遠해진다. 그러나 곧바로 고원한 것을 공부하면 이와 반대다. 이 점을 살피지 않을 수 없다.

爲學不厭卑近, 愈卑愈近, 則功夫愈實而所得愈高遠. 其直爲高遠者, 則反是. 此不可不察也.

공부는 마땅히 스스로 해야 하나니, 공부를 하지 아니하면 스스로를 부족하게 만든다. 공부를 하면 바야흐로 부족함이 없게 된다. 지금 사람들은 공부하는 일을 겉치레 꾸미는 일쯤으로 생각한다.

學問是自家合做底, 不知學問, 則是欠闕了自家底. 知學問. 則方無所欠闕. 今人把學問來做外面添底事看了.

학자는 공부하느라 먹고 자는 것을 잊을 정도가 되어야 학문에 입문할 수 있으며, 그런 후에야 즐거움이 찾아든다. 하는 둥 마는 둥 공부하거나 공부를 했다가 말았다가 해서는 학문을 이루지 못한다.

學者做工夫, 當忘寢食做一場, 使得些入處, 自後方滋味接續. 浮浮沈沈, 半上落下, 不濟得事.

● 지금 사람들은 당장 공부를 시작하려 들지 않고 대부분 내일 하겠다고 한다. 만일 오늘 오전에 볼일이 있다 할지라도 저녁쯤에는 공부를 시작할 수 있겠건만 오히려 내일 하겠다고 한다. 또 이달이 아직 며칠 남았건만 반드시 다음 달에 가서 하겠다고 하고, 이해가 아직 몇달 남았건만 필시 말하기를 "올해는 얼마 남지 않았으니 내년에 가서나 하겠다."라고 한다. 이래 갖고서야 어떻게 학업이 이루어지겠는가.

今人做工夫, 不肯便下手, 皆是要等待, 如今日早間有事, 晩間便可下手, 却須要待明日. 今月若尙有數日, 必直待後月. 今年尙有數月, 不做工夫, 必曰: "今年歲月無幾, 直須來年." 如此何緣長進?

● 요즘 공부하는 사람들은 전연 분발하지 않는다.

今之學者, 全不曾發憤.

● 공부를 하는데도 진전이 없는 것은 용맹정진하지 않아서다.

爲學不進, 只是不勇.

스승과 벗에 의존하려 해서는 안 된다.

不可依靠師友.

사람들이 흔히 말하기를, "일에 마음을 뺏겨 공부하는 데 방해가 된다."라고 하나, 이는 배를 잘 몰지 못하는 사람이 강이 구불구불함을 탓하는 것과 같다. 부귀하게 되면 부귀한 대로 공부할 것이요, 빈천하다면 빈천한 대로 공부할 일이다. 그러므로 "형세에 따라 이로움을 이끌어낸다."라는 병법의 말이 몹시 좋다 하겠다.

人多言: "爲事所奪, 有妨講學." 此爲不能使船嫌溪曲者也. 遇富貴, 就富貴上做工夫, 遇貧賤, 就貧賤上做工夫. 兵法一言甚佳, 因其勢利導之也.

공부라는 것은 비유컨대 배를 저어갈 때 삿대를 잡고 힘을 잘 써야 하는 것과 같다. 공부가 끊어지려는 곳에 이르러서는 더욱 공부에 힘을 쏟아 뒤집어지지 않고 앞으로 나아가게 해야 한다. 공부하는 것은 참으로 배를 저어 물을 거슬러올라가는 것과 같다. 물이 잔잔한 곳에서는 느긋하게 배를 저어도 좋지만 여울과 급류에 이르러서는 노 젓기를 완만히 해서는 안 되며, 혼신의 힘을 다해 저어 올라가 조금이라도 긴장을 풀어서는 안 된다. 일보라도 물러나게 되면 배는 위로 올라갈 수 없는 것이다.

學者極要求把篙處着力, 到工夫要斷絶處, 又更增工夫着力, 不放令倒, 方是向進處. 爲學正如撑上水船, 方平穩處, 儘行不妨, 及到灘脊急流之中, 舟人來這上一篙, 不可放緩, 直須着力撑上, 不得一步不緊, 放退一步, 則此船不得上矣.

학문하는 사람은 도리를 깨달아야 하나니, 침잠하여 깊이 사색해야 한다.

學者理會道理, 深沈潛思.

책 읽기는 선약仙藥을 구울 때 처음에 뜨거운 불로 굽다가 점점 약한 불로 굽듯이 한다. 또한 죽을 끓일 때 처음에 뜨거운 불로 끓이다가 나중에 약한 불로 뜸을 들이듯이 한다. 책을 읽는 것은 처음에는 부지런히 힘을 쏟아 자세히 궁구하되 나중에는 천천히 음미하고 반복해서 완상玩賞해야 할 것이니, 이렇게 하면 도리가 스스로 드러난다. 또한 많이 읽기를 탐하고 빨리 읽고자 해서는 안 되며, 푹 익기를 기다려야 한다. 공부는 푹 익은 데서 나오는 것이다.

讀書如煉丹, 初時烈火鍛煞, 然後漸漸慢火養. 又如煮物, 初時烈火煮了, 却須慢火養. 讀書初勤敏着力仔細窮究, 後來却須緩緩溫尋, 反復玩味, 道理自出. 又不得貪多欲速, 直須要熟. 工夫自熟中出.

뜨거운 기운이 발하면 쇠와 돌도 뚫거늘, 정신을 모으면 무슨 일을 이루지 못하겠는가.

陽氣發處, 金石亦透, 精神一到, 何事不成?

요즘 공부하는 사람은 옛날 공부하던 사람과 다르다. 요즘 사람이 억지로 탐구해 나아간다면 옛날 사람은 한걸음 한걸음 착실하게 실천해나갔다.

今之學者, 直與古異, 今人只是强探向上去, 古人則逐步步實做將去.

도道의 문門으로 들어간다는 것은 자기 몸을 가지고 저 도리 속으로 들어가는 것인데, 점점 익숙해져 오래되면 도리와 자신이 일체가 된다. 그러나 지금 사람에게는 도리는 저기에 있고 자기 몸은 여기에 있어 전연 서로 관계가 없이 되어버렸다.

入道之門, 是將自家身己入那道理中去, 漸漸相親, 久之與己爲一, 而今人, 道理在這裡, 自家身在外面, 全不曾相干涉.

자기 스스로는 자신의 공부가 부족하다고 여기지만 다른 사람들로부터 그 공부가 크게 늘었다는 말을 듣는다면 괜찮은 일이다.

須是在己見得, 只是欠闕, 他人見之, 却有長進, 方可.

지금 사람들은 입으로는 그럴듯하게 말하지만, 마음으로 깨달은 건 아니다.

今人口略依稀說過, 不曾心曉.

박학博學이란 천지만물의 이치 및 자신을 닦고 남을 다스리는 방도를 말한다. 이것들은 모두 마땅히 배워야 할 것들이지만 또한 그 배우는 순서가 있다. 모름지기 중대하고 급한 것부터 먼저 공부하여 배움이 잡스럽고 무질서하게 되지 않도록 해야 한다.

博學爲天地萬物之理, 修己治人之方, 皆所當學, 然亦各有次序, 當以其大而急者爲先, 不可雜而無統也.

오늘날 공부하는 사람들은 대개 고원한 것만 말하기 좋아하고 평범한 것을 좋아하지 않는데, 이것이 옳은 일인지 모르겠다.

今之學者, 多好說得高, 不喜平, 殊不知這箇只是合當做底事.

학문은 등산에 비유할 수 있다. 사람들은 대부분 높은 곳에 오르고자 하나, 낮은 곳부터 오르지 않으면 결국 높은 곳에 도달할 수 없다는 것을 알지 못하고들 있다.

譬如登山, 人多要至高處, 不知自底處不理會, 終無至高處之理.

공부하는 자는 모름지기 앞을 향해 나아갈 것이요, 얻는 것을 계산하는 마음을 가져서는 안 된다.

學者須是直前做去, 莫起計獲之心.

● 공부는 푹 익어야 하나니, 익었을 때에는 한번 말해주기만 해도 곧 깨닫는다. 만일 익지 않았을 때에는 모름지기 사색을 해야 한다. 사색하여 얻게 되면 마음은 이미 처음과 같지 않다.

學須是熟, 熟時一喚便醒. 若是不熟時, 須差旋思索, 到思索來得乎, 意思已不如初了.

● "견문이 좁으면서 마음이 넓은 사람은 없다."라는 이 말이 몹시 좋다.

未有耳目狹而心廣者, 其說甚好.

● 탁 트여 넓은 가운데 세밀하고, 너그럽고 느슨한 가운데 근엄해야 한다.

開闊中又著細密, 寬緩中又著謹嚴.

마음을 비우고 순리대로 하라. 공부하는 자는 마땅히 이 말을 지켜야 한다.

虛心順理, 學者當守此四字.

지금 사람들은 도리를 쉽게 말해주기를 바라지만, 쉽게 말하는 것이 지극히 어려움은 알지 못한다. 구습舊習에 얽매여 있으니 어떻게 그것을 떨쳐버릴 수 있겠는가. 이는 비유컨대 글을 쓰는 것과 같다. 신기하고 기발하게 글을 쓰기는 쉽지만, 쉽고 담담하게 글을 쓰기는 어렵다. 그렇기는 하나 신기하고 기발함을 통과한 후라야 쉽고 담담한 데 이를 수 있다.

今人言道理, 說要平易, 不知到那平易處極難. 被那舊習纏繞, 如何便擺脫得去. 譬如作文一般. 那箇新巧若易作, 要平淡便難, 然須還他新巧然後, 造於平淡.

공부하는 데는 지극한 정성과 인내가 필요하니, 이 두가지가 없어서는 안 된다. 머리를 굴리며 앞뒤를 따져보는 마음을 가져서는 안 된다.

爲學只要至誠耐久, 無有不得. 不須別生計較思前算後也.

공부하는 요체는 착실하게 마음을 닦고 절실하게 몸으로 느껴 자신의 몸과 마음으로 깨닫는 데 있다. 경박하게 스스로를 드러내어 남의 시비를 불러일으키거나 쓸데없이 논쟁하는 데 힘을 쏟아, 마음 공부를 한다면서도 한갓 분변이나 일삼는 일을 몹시 꺼린다.

爲學之要, 只在著實操存, 密切體認, 自己身心上理會, 切忌輕自表襮, 引惹外人辯論, 枉費酬應, 分却向裏工夫.

사람은 마음을 잘 다스려 쓸데없는 생각과 잡념을 없애야 한다. 만일 마음이 흔들린다면 비록 이치를 깨달았다 할지라도 그것을 간직할 곳이 없으니, 모름지기 마음을 다스린 후에라야 하나를 깨달으면 하나가 있고 둘을 깨달으면 둘이 있게 된다.

人須打疊了心下, 閑思雜慮. 如心中紛擾, 能求得道理, 也沒頓處, 須打疊了後, 得一件方是一件, 兩件方是兩件.

공부하는 방법은 다른 게 없다. 다만 책을 숙독하고 정밀하게 생각하기를 오래오래 하다보면 스스로 보이는 게 있을 것이요, 들은 것을 소중히 하고 아는 것을 실천하기를 오래오래 하다보면 스스로 얻는 게 있을 것이다.

爲學之道, 更無他法. 但能熟讀精思, 久久自有見處; 尊所聞, 行所知, 則久久自有至處.

글을 읽어도 기억하지 못할 경우 그 뜻을 음미해가며 읽으면 기억할 수 있고, 이치를 정밀하게 알지 못할 경우 자세히 생각하면 정밀하게 알 수 있다. 다만 뜻이 서지 않으면 힘을 써볼 도리가 없다. 이를테면 오늘날 이익과 봉록俸祿은 탐하면서도 도의道義는 탐하지 아니하고 귀인은 되고 싶어하면서도 훌륭한 사람 되기를 바라지 않는 것은 모두 뜻이 서지 않은 데서 오는 병통이다.

書不記, 熟讀可記, 義不精, 細思可精. 唯有志不立, 直是無著力處, 只如而今貪利祿而不貪道義, 要作貴人而不要作好人, 皆是志不立之病.

공부는 도를 아는 것이 중요하다. 도는 한번 들어 깨달을 수 있는 것이 아니며, 단번에 뛰어올라 그 속으로 들어갈 수 있는 것도 아니다. 쉬운 것부터 배워 어려운 것으로 나아가는 방법을 따르는 한편 이치를 궁구하는 노력을 쏟아서, 얕은 곳에서부터 깊은 곳으로 들어가고 가까운 곳에서부터 먼 곳으로 나아간다면 도에 대해 거의 알게 될 것이다.

學必貴於知道, 而道非一聞可悟, 一超可入也. 循下學之則, 加窮理之功, 由淺而深, 由近而遠, 則庶乎其可矣.

◈ 책 읽기는 중단해서는 안 되지만, 마음을 공경히 하고 뜻을 세움을 우선해야 한다. 그래야 책 읽기에서 찾아낸 이치가 자신의 행실에 나타나게 될 것이다. 만일 평소에 빈둥거리며 조금도 마음을 닦지 않거나 실천에는 뜻이 없고 그저 문장의 의미나 알아 말이나 잘 하려고 한다면 비록 모든 경전을 다 통달하여 한 글자도 모르는 게 없다고 하더라도 또한 무슨 이로움이 있겠는가. 하물며 모든 경전을 다 통달하여 잘못 아는 게 없다고 자신하지 못함에랴!

讀書固不可廢. 然亦須以主敬立志爲先, 方可就此田地上, 推尋義理, 見諸行事. 若平居泛然, 略無存養之功, 又無實踐之志, 而但欲曉解文義. 說得分明, 則雖盡通諸經, 不錯一字, 亦何所益? 況又未必能通而不誤乎?

◈ 학문은 도리를 깨치는 게 중요하다. 하늘이 많은 백성을

낳으셨는데, 하나의 사물이 있으면 하나의 도리가 존재한다. 때문에 『대학』에서는 사람으로 하여금 사물을 하나하나 궁구하여 도리를 깨닫게 가르친 것이다. 만일 하나를 깨닫지 못하겠으면 모름지기 거듭거듭 추구하고 연구하여, 길을 갈 때도 생각하고 앉아서도 생각할 것이며 아침에 생각하여 깨닫지 못하면 저녁에 다시 생각하고 저녁에 생각해도 깨닫지 못하겠으면 이튿날 또 생각해야 할 것이니, 이와 같이 한다면 어찌 깨닫지 못할 도리가 있겠는가. 대충대충 생각하거나, 생각하다가 깨닫지 못할 경우 곧 그만두어버린다면 천년이 지나도 깨닫지 못할 것이다.

學問只要理會一箇道理, 天生烝民, 有物有則, 有一箇物, 有一箇道理, 所以大學之道, 教人去事物上, 逐一理會得箇道理. 若理會一件未得, 直須反覆, 追究研窮, 行也思量, 坐也思量, 早上思量不得, 晚間又出思量, 晚間思量不得, 明日又思量, 如此豈有不得底道理? 若只略略地思量, 思量不得, 便掉了, 如此千年也, 理會不得.

● 예로부터 성현은 모두 마음을 근본으로 삼았다.

自古聖賢, 皆以心地爲本.

문을 나서자마자 길이 천갈래 만갈래니, 만일 자기 자신에게 주재主宰하는 마음이 없다면 어떻게 올바로 길을 찾아갈 수 있겠는가.

纔出門, 便千岐萬轍, 若不是自家有箇主宰, 如何得是?

스스로 깨닫는 것은
일당백(一當百)의 공부가 된다

왕양명

왕양명

왕양명王陽明의 이름은 수인守仁이며, 양명은 호이다. 명나라의 유학자로 생몰연대는 1472~1528년경이다. 그는 주자학을 비판하면서 새로운 학문체계를 창시했는데 이것이 이른바 양명학이다.

주자학은 처음부터 사변적인 경향을 갖고 있었지만 후대로 내려올수록 그러한 경향은 점점 더 강화되었다. 그리하여 현실생활과 실천을 무시한 채 공리공담의 세계로 빠져드는 폐단을 드러내었다. 왕양명은 주자학의 이런 행태를 허학虛學 내지 위학僞學이라 통박했으며, 현실에 대해 열린 학문, 실천을 강조하는 새로운 학문을 구상하였다. 그 결과, 마음이 곧 이理라는 '심즉리설心卽理說', 양지良知를 회복해야 한다는 '치양지설致良知說', 앎과 실천을 통일해야 한다는 '지행합일설知行合一說' 등을 제기하였다. '양지'란 인간의 마음속에 내재된 도덕적 의식을 가리키는 말이다.

왕양명은 이러한 사상으로써 당시 도탄에 빠진 백성을 구제하고 위기에 처한 나라를 구하고자 동분서주하는 한편, 많은 제자들을 양성하였다. 그는, 자기 사상의 일관된 반영으로서 학문론에 있어서도 주자와는 사뭇 다른 면모를 보여준다.

여기에 실린 글은 『왕양명전집王陽明全集』에서 뽑았다.

● 앎은 실천의 시작이요, 실천은 앎의 완성이다.
앎과 실천은 둘로 나눌 수 없다.
知是行之始, 行是知之成.
知行不可分作兩事.

● 천하가 다스려지지 않는 것은, 꾸밈이 중시되고 실질이 경시되매 사람마다 자기의 견해를 내놓고 새롭고 기이한 것을 높임으로써 세상을 현혹하고 명예를 얻으려 하기 때문이다. 그리하여 사람들은 천하의 총명을 어지럽히고 천하의 귀와 눈을 멀게 하면서 문장이나 꾸며 세상에 이름을 얻는 데에만 힘쓸 뿐이다. 근본을 두터이 하고 실질을 숭상하며 순박함을 되

찾으려는 일은 더이상 하지 않는다. 이런 현상은 모두 저술가들이 야기한 폐단이다.

天下所以不治, 只因文盛實衰, 入出己見, 新奇相高, 以眩俗取譽. 徒以亂天下之聰明, 塗天下之耳目, 使天下靡然爭務修飾文詞, 以求知於世, 而不復知有敦本尙實反朴還淳之行. 是皆著述者有以啓之.

마음은 텅 비고 신령하고 밝아, 뭇 이치가 갖추어져 있으며 만가지 일이 그로부터 나온다. 마음 바깥에 별도의 이치가 있지 않으며, 마음 바깥에 별도의 일이 있지 않다.

虛靈不昧, 衆理具而萬事出. 心外無理, 心外無事.

학문하는 사람에게 있어 큰 병은 이름을 좋아하는 것이다. 이름이란 실질과 짝이 되니, 실질을 힘쓰는 마음이 1분分 더 있으면 이름을 힘쓰는 마음이 1분 더 없어지게 된다. 실질을 힘쓰는 마음으로 가득 차면 이름을 힘쓰는 마음은 완전히 사라진다. 만일 실질을 힘쓰는 마음 갖기를, 굶주려 먹을 걸 구하고 목말라 마실 걸 구하듯이 한다면 어찌 공부하면서 이름을 좋아할 리가 있겠는가.

爲學大病在好名.

名與實對, 務實之心重一分, 則務名之心輕一分. 全是務實之心, 卽全無務名之心. 若務實之心如饑之求食, 渴之求飮, 安得更有工夫好名?

학문은 마음으로 깨닫는 것을 귀하게 여긴다. 마음에 비추어 보아 옳지 않다면 설혹 공자孔子의 말일지라도 옳다고 하지 못하겠거든, 하물며 공자보다 못한 사람이 한 말임에랴.

夫學貴得之心. 求之於心而非也, 雖其言之出於孔子, 不敢以爲是也, 而況其未及孔子者乎!

도란 천하의 공변된[1] 도이고, 학문이란 천하의 공변된 학문이다. 그러므로 주자朱子가 사사로이 할 수 없고 공자가 사사로이 할 수 없다. 천하에 공변되다는 것은 공변되게 말함을 의미한다. 그러므로 어떤 사람의 말이 옳다면 그것이 비록 내 생각과 다를지라도 결국 나에게 이로우며, 어떤 사람의 말이 그르다면 그것이 비록 내 생각과 같을지라도 결국 나에게 해롭다. 나에게 이로운 것은 반드시 좋아해야 하고, 나에게 해로운

1 공변된: '공정한' 혹은 '공평한'이라는 뜻.

것은 반드시 싫어해야 한다.

夫道, 天下之公道也; 學, 天下之公學也, 非朱子可得而私也, 非孔子可得而私也. 天下之公也, 公言之而已矣. 故言之而是, 雖異於己, 乃益於己也; 言之而非, 雖同於己, 適損於己也. 益於己者, 己必喜之; 損於己者, 己必惡之.

사람은 천지의 마음에 해당한다. 천지만물은 본래 나와 한몸이거늘, 백성의 어려움과 고통이 어찌 내 몸의 아픔처럼 절실하지 않겠는가. 자기 몸의 아픔을 알지 못한다면 이는 시비지심是非之心이 없는 자라 할 것이다. 시비지심이란 생각하기 전에 이미 갖고 있는 것이요 배우기 전에 이미 능한 것이니, 이른바 양지良知[2]에 해당한다. 사람 마음이 양지를 갖고 있음은 성인聖人이나 바보나 매한가지고 천하고금에 차이가 없다. 세상의 군자가 자신의 양지를 회복하는 데 힘쓴다면 시비에 공변될 수 있고 좋아하는 것과 싫어하는 것을 똑같이 대할 수 있으며 남 보기를 자기처럼 하고 나라 생각하기를 제집 생각하듯 하게 되므로 천지만물을 자기와 한몸으로 여기게 된다. 이렇게 되면 설사 천하가 다스려지지 않기를 바라더라도 천하는

2 양지(良知): 인간의 선험적인 도덕의식을 지칭하는 말.

절로 다스려진다.

夫人者, 天地之心. 天地萬物, 本吾一體者也, 生民之困苦荼毒, 孰非疾痛之切於吾身者乎? 不知吾身之疾痛, 無是非之心者也. 是非之心, 不慮而知, 不學而能, 所謂良知也. 良知之在人心, 無間於聖愚, 天下古今之所同也. 世之君子惟務致其良知, 則自能公是非, 同好惡, 視人猶己, 視國猶家, 而以天地萬物爲一體, 求天下無治, 不可得矣.

양지良知의 학문이 천명되지 않아 천하 사람들은 사사로운 꾀로써 도당徒黨을 만들거나 서로 대립하게 되었다. 이에 사람들은 제각각 마음을 달리하게 되었으며, 편벽되거나 번쇄하거나 비루한 견해 및 교활하거나 거짓되거나 간사한 학술이 이루 말할 수 없이 많이 나타나게 되었다. 겉으로는 인의仁義를 표방하지만 실제 속으로는 사리사욕을 추구하거나, 말을 꾸며대어 시속時俗에 아부하거나, 진실되지 못한 행동으로써 사람들의 칭송을 구하거나, 다른 사람의 훌륭한 점을 덮어버림으로써 자기가 잘난 체하거나, 다른 사람의 사욕을 들추어냄으로써 자기는 정직한 체하거나, 길길이 뛰며 상대방을 이기려고 하면서도 입으로는 의義를 좇는다고 하거나, 음흉하게 상대방을 거꾸러뜨리려 하면서도 악을 미워해서 그런다고 하거나, 어질고 유능한 사람을 시기하면서도 자기는 시비에 공정하다고 하거나, 마음껏 욕심을 부리면서도 자기는 좋은 것이든 싫은 것이든 똑같이 대한다고 하거나 하면서 서로 능멸하고 서로 해치고 있는 것이다. 그리하여 한 집안의 골육지친骨肉之親에서부터 이미 서로 승부를 가리려는 생각과 피차彼此를 나누려는 형세가 없지 않거늘, 하물며 저 커다란 천하와 저 많은 백성과 만물을 어찌 능히 자기와 한몸으로 볼 수 있겠는가. 그러니 분분하게 재난과 난리가 끝없이 이어지는 게 조금도 이상한 일이 아니다.

良知之學不明, 天下之人用其私智以相比軋, 是以人各有心, 而偏瑣僻陋之見, 狹僞陰邪之術, 至於不可勝說. 外假仁義之名, 而內以行其自私自利之實, 詭辭以阿俗, 矯行以干譽, 揜人之善而襲以爲己長, 訐人之私而竊以爲己直, 忿以相勝而猶謂之徇義, 險以相傾而猶謂之疾惡, 妒賢忌能而猶自以爲公是非, 恣情縱欲而猶自以爲同好惡, 相陵相賊, 自其一家骨肉之親, 已不能無爾我勝負之意, 彼此藩籬之形, 而況於天下之大, 民物之衆, 又何能一體而視之? 則無怪於紛紛籍籍, 而禍亂相尋於無窮矣!

나는 진실로 하늘의 신령함에 힘입어 양지의 학문을 깨달았다. 그리하여 반드시 이 학문에 의거해야 천하를 다스릴 수 있다고 생각하게 되었다. 이런 까닭에 늘 우리 백성이 고통을 받고 있음을 생각하면 마음이 아리고 쓰렸다. 그래서 이 몸의 어리석음을 잊은 채 이 학문으로써 백성을 구하리라 생각했으며, 또한 자신의 역량을 헤아리지 아니하였다. 천하의 사람들은 나의 이런 태도를 보고서 마침내 비난하고 비웃었으며, 헐뜯고 배척하였다. 그리고 내가 미쳤으며 실성한 사람이라고들 했다. 아아! 이런 말에 어찌 개의할 것인가. 내가 지금 백성들의 고통을 내 몸에 통절하게 느끼고 있거늘, 남들이 나를 비난하며 비웃는 말을 돌아볼 겨를이 있겠는가.

사람들은 자기 아버지나 아들이나 형제가 깊은 못에 빠질 경우 울부짖으며 맨발로 허둥지둥 절벽을 타고 내려가 구하고자 한다. 그러나 그 곁에서 예의와 점잔을 빼며 담소하는 선비들은 이 광경을 보고서 "저 자는 예의와 의관을 내팽개친 채 울부짖으며 허둥지둥 달려가기를 저와 같이 하니, 미쳤으며 실성한 자다."라고 말한다. 그리하여 물에 빠진 사람 곁에서 예의를 차려 담소하면서 사람을 구할 줄 모른다.

僕誠賴天之靈, 偶有見於良知之學, 以爲必由此而後天下可得而治. 是以每念斯民之陷溺, 則爲之戚然痛心, 忘其身之不肖, 而思以此救之, 亦不自知其量者. 天下之人見其若是, 遂相與非笑而詆斥之, 以爲是病狂喪心之人耳. 嗚呼! 是奚足恤哉? 吾方疾痛之切體, 而暇計人之非笑乎! 人固有見其父子兄弟之墜溺於深淵者, 呼號匍匐, 裸跣顚頓, 振懸崖壁而下拯之. 士之見者方相與揖讓談笑於其傍, 以爲是棄其禮貌衣冠而呼號顚頓若此, 是病狂喪心者也. 故夫揖讓談笑於溺人之傍而不知救.

아아, 지금 사람들이 나더러 미쳤으며 실성한 자라 하는데, 당연한 일이다. 천하 사람들의 마음이 모두 내 마음이거늘, 천하 사람들 가운데 미친 자가 있으니 내 어찌 미치지 않을 수 있겠는가. 천하 사람들 가운데 실성한 사람이 있으니 내 어찌 실성하지 않을 수 있겠는가.

嗚呼! 今之人雖謂僕爲病狂喪心之人, 亦無不可矣. 天下之人心皆吾之心也, 天下之人猶有病狂者矣, 吾安得而非病狂乎? 猶有喪心者矣, 吾安得而非喪心乎?

어리석은 내가 어찌 감히 공자의 도道를 자임할 수 있겠는가. 그러나 나에게는 백성의 아픔을 내 몸의 아픔으로 여기는 마음이 얼마간 있어 이 때문에 사방을 방황하며 장차 나를 도와줄 사람을 찾아 함께 공부하며 병을 없애고자 하였다. 지금 진실로 뜻을 같이하는 호걸스런 선비를 얻어 그 도움을 받아 함께 양지의 학문을 천하에 밝혀 천하 사람들로 하여금 모두 스스로 양지를 회복하게 함으로써 편안함과 생활의 안정을 얻게 하고, 자신의 사욕과 이익만을 챙기는 폐단을 제거하며, 남을 헐뜯고 시기하거나 길길이 뛰며 남을 이기고자 하는 풍속을 씻어버려 천하가 태평하여 평화롭게 된다면 나의 미친 병은 장차 싹 씻은 듯이 나을 것이며, 실성한 병도 없어질 것이다.

僕之不肖, 何敢以夫子之道爲己任? 顧其心亦已稍知疾痛之在身, 是以徬徨四顧, 將求其有助於我者, 相與講去其病耳. 今誠得豪傑同志之士扶持匡翼, 共明良知之學於天下, 使天下之人皆知自致其良知, 以相安相養, 去其自私自利之蔽, 一洗讒妒勝忿之習, 以濟於大同, 則僕之狂病, 固將脫然以愈, 而終免於喪心之患矣.

근세에 아이를 가르치는 자들은 날이면 날마다 아이들에게 자구字句를 익히라 다그치고 품행을 방정히 하라고 요구하지만 아이들을 예禮에 의거하여 지도하는 법을 모른다. 또 아이들이 총명하기를 바라지만 아이들을 착하게 키우는 법을 모른다. 그리하여 아이들에게 회초리를 때리고 벌을 주기를 죄인 다루듯이 한다. 이 때문에 아이들은 학교를 감옥으로 생각하여 들어가려 하지 않으며, 스승을 원수처럼 여겨 보려고 하지 않는다.

若近世之訓蒙穉者, 日惟督以句讀課仿, 責其檢束, 而不知導之以禮; 求其聰明, 而不知養之以善; 鞭撻繩縛, 若待拘囚. 彼視學舍如囹獄而不肯入, 視師長如寇仇而不欲見.

제자가 물었다. "사무사思無邪[3]라는 말 한마디가 어떻게 『시경』에 실린 시 300편의 뜻을 포괄할 수 있습니까?"

선생이 말했다.

"이 말이 어찌 시 300편에만 해당되겠느냐. 육경六經[4]도 이 한마디 말로 포괄할 수 있으며, 고금의 성현들 말씀도 모두 '사무사'라는 한마디 말로 포괄할 수 있다. 이 한마디 말 외에 다시 또 무슨 말이 필요하겠느냐. 이 말은 일당백一當百의 공부가 된다."

間: "'思無邪'一言, 如何便蓋得三百篇之義?" 先生曰: "豈特三百篇? 六經只此一言便可該貫, 以至窮古今天下聖賢的話, '思無邪' 一言也可該貫. 此外更有何說? 此是一了百當的功夫."

학문과 공부가 일체의 명리名利와 기호嗜好를 완전히 초탈

3 사무사(思無邪): 마음에 조금도 그릇됨이 없음. 일찍이 공자는 『시경』의 시 300편은 한마디로 말해 '사무사'라고 한 바 있다.

4 육경(六經): 중국 고대의 경전인 『시경』『서경』『주역』『예기』『춘추』『주례(周禮)』를 일컫는 말.

했다 하더라도 여전히 삶과 죽음에 대한 생각은 조금 남아 있어서 마음의 온전한 실상이 환하게 드러나지 않게 마련이다. 삶과 죽음에 대한 생각은 본래 육신과 생명으로부터 유래하는 것이기에 쉽게 떨쳐버릴 수 없다. 만일 이 삶과 죽음의 이치를 깨달아 그 관문을 뚫는다면 마음의 온전한 실상이 드러나 어디에도 걸림이 없을 것이니, 바야흐로 본성을 다하고 천명天命에 이르는 학문이 될 것이다.

學問功夫, 於一切聲利嗜好俱能脫落殆盡, 尙有一種生死念頭毫髮掛帶, 便於全體有未融釋處. 人於生死念頭, 本從生身命根上帶來, 故不易去. 若於此處見得破, 透得過, 此心全體方是流行無礙, 方是盡性至命之學.

학문은 깨우쳐주는 것이 중요하다. 그러나 깨우쳐주는 것은 스스로 깨닫는 것보다는 못하다. 스스로 깨닫는 것은 일당백一當百의 공부가 된다. 스스로 깨닫지 못한다면 아무리 깨우쳐주어도 잘 안 된다.

學問也要點化, 但不如自家解化者, 自一了百當. 不然, 亦點化許多不得.

어디 간들 도道 아닌 것이 없으며, 어디 간들 공부 아닌 것이 없다.

無往而非道, 無往而非工夫.

대인大人이란 천지만물을 자기와 한몸으로 여기는 사람이다. 그는 천하를 보기를 제집 보듯 하고, 온 나라 사람을 제 몸처럼 여긴다. 형체를 구분하여 너와 나를 나누는 자는 소인이다. 대인이 천지만물을 자기와 한몸이라고 여기는 것은 억지로 그렇게 생각해서가 아니다. 그 마음속의 인仁이 본래 그렇기 때문에 천지만물과 더불어 하나가 되는 것이다. 이는 어찌 대인만 그렇겠는가. 소인의 마음 역시 그렇지 않은 것은 아니지만, 다만 소인은 스스로 그 마음을 작게 할 따름이다.

그러므로 남의 집 어린아이가 우물에 빠진 걸 보면 걱정하며 측은해하는 마음이 생겨나니, 이는 그 사람의 인仁이 어린아이를 자기 자신과 한몸으로 여기기 때문이다. 어린아이는 같은 인간이라서 그렇다고 치자. 새가 슬피 울거나 짐승이 끌려가면서 겁에 질린 모습을 짓는 것을 보면 반드시 차마 죽이지 못하는 마음이 생겨나니, 이는 그 사람의 인仁이 새와 짐승을 자기 자신과 한몸으로 여기기 때문이다. 새나 짐승은 지각이 있는 존재라서 그렇다고 치자. 풀이 베이거나 나무가 잘리는 것을 보면 반드시 안된 마음이 생겨나니, 이는 그 사람의 인仁이 풀과 나무를 자기 자신과 한몸으로 여기기 때문이다. 풀이나 나무는 생명이 있는 존재라서 그렇다고 치자. 기와가 깨어지고 바윗돌이 부숴진 것을 보면 반드시 애석해하는 마음이 생겨나니, 이는 그 사람의 인仁이 기와와 바윗돌을 자기 자신과 한몸으로 여기기 때문이다. 이것이 바로 천지만물을 자신과 한몸으로 여기는 인仁인 것이다.

大人者, 以天地萬物爲一體者也, 其視天下猶一家, 中國猶一人焉. 若夫間形骸而分爾我者, 小人矣. 大人之能以天地萬物爲一體也, 非意之也, 其心之仁本若是, 其與天地萬物而爲一也. 豈惟大人? 雖小人之心亦莫不然, 彼顧自小之耳. 是故見孺子之入井, 而必有怵惕惻隱之心焉, 是其仁之與孺子而爲一體也; 孺子猶同類者也, 見鳥獸之哀鳴觳觫, 而必有不忍之心焉, 是其仁之與鳥獸而爲一體也; 鳥獸猶有知覺者也, 見草木之摧折而必有憫恤之心焉, 是其仁之與草木而爲一體也; 草木猶有生意者也, 見瓦石之毁壞而必有顧惜之心焉, 是其仁之與瓦石而爲一體也; 是其一體之仁也.

학문하는 것은 거울을 닦는 데 비유할 수 있다

이황

—이황—

퇴계退溪 이황李滉은 조선 중종·명종 때의 유학자로 생몰연대는 1501~70년이다. 그는 중년 이후 사화士禍로 점철된 당시의 어지러운 정치현실을 벗어나 향리에서 학문에만 전념하였다. 그리하여 고려 말 이래 꾸준히 발전해온 우리나라 성리학의 이론적 심화에 커다란 기여를 하였다.

그는 주자의 이기이원론理氣二元論적 사상을 계승하여 그것을 더욱 발전시켰다. 그리하여 인간은 사물의 이치를 궁구하고 덕성을 함양함으로써 인욕人慾을 극복하여 천리天理로 돌아갈 수 있다고 확신하였다. 그의 평생 화두는 바로 이 이理에 있었던 것이다.

그는 면밀히 따지고 신중하게 생각하는 학문자세를 지녔으며, 주자의 가르침을 충실히 따라야 한다고 생각했던바, 그 테

두리를 벗어나는 학풍에 대해서는 비판을 아끼지 않았다. 높은 수양을 이룬데다 겸손한 태도로 후학들을 지도하여 그 문하에서 많은 학자들이 배출되었다.

여기에 실린 글은 『퇴계전서退溪全書』와 『도산사숙록陶山私淑錄』에서 뽑았다.

사사로움은 마음의 좀이요, 모든 악의 근원이다. 예로부터 나라가 다스려진 날은 항상 적고 어지러운 날은 항상 많았다. 몸을 망치고 나라를 결딴내는 데 이르는 것은, 다 임금이 사사로움을 버리지 못했기 때문이다. 그러나 마음의 좀을 제거하고 악의 뿌리를 뽑아 천리天理의 순수함으로 돌아가고자 할진댄, 학문의 힘에 깊이 의지하지 않으면 안 된다.

私者一心之蟊賊而萬惡之根本也. 自古國家治日常少亂日常多, 馴致於滅身亡國者, 盡是人君不能去一私字故也. 然欲去心賊拔惡根, 以復乎天理之純, 不深藉學問之功不可.

공자께서는 "배우기만 하고 생각하지 않으면 얻는 게 없고, 생각만 하고 배우지 않으면 위태롭다."라고 말씀하셨다. 배운다는 것은 일을 익혀 참되게 실천하는 것을 말한다. 대저 성인의 학문은 마음에서 찾지 않으면 어두워져서 얻지 못하는 까닭에 반드시 생각하여 그 미묘한 것을 통해야 한다. 그러나 일을 익히지 않으면 위태로워져서 불안한 까닭에 반드시 배워서 실천해야 한다. 이처럼 생각함과 배움은 서로 계발해주고 서로 도움을 준다.

孔子曰: "學而不思則罔, 思而不學則殆." 學也者習其事而眞踐履之謂也, 蓋聖門之學不求諸心, 則昏而無得, 故必思以通其微, 不習其事, 則危而不安, 故必學以踐其實, 思與學交相發而互相益也.

사람의 타고난 바탕은 만가지로 같지 아니하다. 처음 배울 때에, 예리한 자는 단계를 뛰어넘고, 둔한 자는 꽉 막혀 알아듣지 못한다. 옛것을 사모하는 자는 거만한 것처럼 보이고, 뜻이 큰 자는 미친 것처럼 보인다. 공부가 미숙한 자는 위선을 행하는 것처럼 보이고, 엎어졌다가 다시 떨쳐 일어난 자는 기만을 일삼는 것처럼 보인다. 처음에는 정성껏 하다가 끝에 가서 소홀히 하는 자가 있는가 하면, 잠시 그만두었다가 다시 시작하는 자도 있다. 병폐가 겉에 있는 자도 있고, 병폐가 속에 있는 자도 있다. 무릇 이와 같은 예는 일일이 다 들 수 없다.

人之資禀, 有萬不同, 其始學也, 銳者凌躐, 鈍者滯泥. 慕古者似矯, 志大者似狂, 習未熟者如僞, 躓復奮者如欺. 有始慤而終忽者, 有旋廢而頻復者, 有病在表者, 有病在裏者, 凡若此者不勝枚擧.

이치를 궁구하는 것(窮理)과 마음을 기르는 것(居敬),[1] 이 두 공부는 비록 머리와 꼬리로 서로 이어져 있는 것이기는 하지만 실은 두가지 공부이니, 절대 둘로 나뉘는 것을 걱정하지 말고 반드시 두가지를 병행하는 방법을 취해야 할 것이다. 후일을 기다리지 말고 지금 당장 공부를 시작할 것이며, 의심하여 머뭇거리지 말고 자신의 형편에 따라 힘을 써야 한다. 마음을 텅 비워 이치를 살필 일이며, 미리 자신의 의견을 정해버려서는 안 된다. 차츰차츰 쌓아감으로써 온전히 성숙할 수 있으니 그 효과를 날짜로 따져서는 안 되며, 얻지 않고서는 그만두지 말고 죽을 때까지 하는 공부로 삼아야 할 것이다.

二者雖相首尾, 而實是兩段工夫, 切勿以分段爲憂, 惟必以互進爲法. 勿爲等待, 卽今便可下工, 勿爲遲疑, 隨處便當著力, 虛心觀理, 勿先執定於己見, 積漸純熟, 未可責效於時月, 弗得弗措, 直以爲終身事業.

1 거경(居敬): 마음을 고요하고 전일하게 하여 경(敬)으로써 덕성을 함양함을 가리키는 말이다.

선비가 세상에 나서 벼슬을 하든 집에 있든, 때를 만나든 때를 만나지 못하든, 가장 중요한 것은 자신의 몸을 깨끗이 하고 올바름을 행하는 것이지, 화禍와 복福을 따질 것은 아니다. 그러나 내가 일찍부터 괴이하게 생각한 것은, 우리나라 선비로서 조금 뜻이 있고 도의道義를 사모한 사람은 대개 화를 당했다는 사실이다. 이는 비록 땅이 좁고 인심이 박한 데 까닭이 있는 것이기는 하지만, 또한 스스로의 행실에 부족함이 있어서 그럴 것이다. 부족하다는 건 다른 게 아니다. 학문이 아직 지극하지도 못하면서 너무 높이 자처했으며, 때를 헤아리지 못하고서 용감하게 세상을 경륜하고자 한 것을 말하니, 이것이 실패를 초래한 것이다. 그러니 큰 이름을 지니고 큰 일을 맡은 자는 이 점을 절실히 경계해야 한다.

夫士生於世, 或出或處, 或遇或不遇, 歸潔其身, 行其義而已, 禍福非所論也. 然嘗怪吾東方之士, 稍有志慕道義者, 多罹於世患, 是雖由地褊人澆之故, 亦其所自爲者, 有未盡而然也. 其所謂未盡者, 無他. 學未至而自處太高, 不度時而勇於經世, 此其取敗之道, 而負大名當大事者之切戒也.

예로부터 똑똑함과 지혜가 지나쳐서 학문을 마다하는 사람은 말할 것도 없으려니와, 혹 학문에 종사하는 사람이라 할지라도 대부분 자만하여 빨리 이루고자 하는 폐단이 있다. 자만하면 남의 말을 듣지 않게 되고, 빨리 이루고자 하면 뭇 이치를 궁구하지 않게 된다. 이러고서도 도道에 들어가고 덕德을 쌓아 성현의 경지에 다가서기를 바란다면, 이는 뒷걸음질치면서 전진하기를 구하는 것과 어찌 다르겠는가?

自古有所謂賢智之過而不屑於學問者, 在所不論, 其或從事於學者, 率多有自喜欲速之弊. 自喜則不聽人言, 欲速則不究衆理. 如是而望其入道積德, 以近聖賢之門墻, 豈不如却步而求前乎?

학문하는 것은 거울을 닦는 데 비유할 수 있다. 거울은 본래 밝은 것이지만 먼지와 때가 겹겹이 끼이니 약을 묻혀 갈고 닦아야 한다. 처음에는 아주 힘을 들여 긁어내고 닦아내야만 한겹의 때를 겨우 벗겨내니 어찌 대단히 힘든 일이 아니겠는가. 그러나 계속해서 두번 닦고 세번 닦는다면 힘이 점점 적게 들고, 거울의 밝음도 벗겨낸 때의 분량만큼 점점 드러날 것이다. 그러나 지극히 어려운 관문을 지나 조금 쉬운 경지에 이르는 사람은 참으로 드물다. 또 혹 조금 쉬운 경지에 이르렀다 하더라도 더욱 노력하여 밝음이 완전히 드러나는 데까지 이르지 못하고 그만 공부를 중단하는 사람도 있으니 몹시 애석한 일이다.

譬如鏡本明, 爲塵垢重蝕, 用藥磨治, 初番極用力刮拭才去垢一重, 豈不甚難, 繼之以再磨三磨, 用力漸易, 而明隨垢去分數而漸露. 然人能過極難而至稍易者固鮮矣, 其或至稍易處, 不可勉以至明全見, 而遂輟功者有之, 尤可惜也.

내가 젊었을 때 학문에 뜻을 두어 낮에는 쉬지 않고 밤에는 자지 않고 공부하다가 마침내 고질병을 얻어 폐인을 면하지 못하였다. 공부하는 사람들은 모름지기 자신의 기력을 헤아려서 자야 할 때는 자고 일어나야 할 때는 일어나며, 때와 곳에 따라 자신의 심신을 살펴서 마음을 함부로 하지 않도록 해야 할 것이다. 어찌 꼭 나처럼 하여 병이 나게 할 것인가.

吾少時有志此學, 終日不輟, 終夜不寐, 遂得痼疾, 迄未免病廢之人. 學者須量其氣力, 當寢而寢, 當起而起, 隨時隨處, 觀省體驗, 不使此心放逸而已, 何必如此以致生病乎?

나는 비록 젊어서부터 학문에 뜻을 두었으나 나를 깨우쳐줄 만한 스승이나 벗이 없어 10년이나 갈팡질팡하였으며, 입문하여 공부하는 방법을 알지 못했다. 그리하여 쓸데없이 마음만 쓰면서 탐색하기를 그치지 않았는데, 혹 밤새도록 고요히 앉아 자지 않은 적도 있었다. 이 때문에 마침내 마음에 병을 얻어 여러해 동안 학문을 그만두지 않으면 안 되었다. 만일 참된 스승이나 벗이 잘못된 길을 바로잡아 주었다면 어찌 마음과 힘을 헛되이 써서 늙은 지금까지 아무것도 얻은 게 없는 데에 이르렀겠는가.

余自少雖志於學, 而無師友啓發之人, 倀倀十年, 未知入頭下工處, 枉費心思, 探索不置, 或終夜靜坐, 未嘗就枕, 仍得心恙, 廢學者累年. 若果得師友指示迷途, 則豈至枉用心力, 老而無得乎?

내 비록 늙어서도 학문을 이루지 못했으나 다만 젊어서부터 성현의 말씀을 독실히 믿어 남의 비난이나 칭찬, 일신의 영욕에 구애되지 않았고, 또 기이한 언행을 일삼아 남이 해괴하게 여기는 일이 없었다. 만일 학자가 되어 남의 비난이나 칭찬, 일신의 영욕을 두려워한다면 학자로서 스스로 서지 못할 것이다. 또 속에 공부한 것도 없으면서 성급하게 이상한 학설을 표방해 사람들의 해괴함을 산다면 스스로를 보전하지 못할 것이다. 요컨대 학자는 모름지기 단단하고 굳세어야만 지켜야 할 것을 지킬 수 있다.

余雖老而無聞, 但自少篤信聖賢之言, 而不拘於毁譽榮辱, 亦未嘗立異而爲衆所怪. 若爲學者畏其毁譽榮辱, 則無以自立矣. 且內無工夫, 而遽然立異爲衆所怪, 則無以自保矣. 要之學者須是硬確, 方能有所據守.

● 자기를 위하는 학문이란, 우리가 마땅히 알아야 할 것이 도리이고 우리가 마땅히 행해야 할 것이 덕행이라 여겨 비근한 것부터 공부하여 마음으로 깨닫고 몸소 실천하는 학문이다. 남을 위하는 학문이란, 마음으로 깨닫고 몸소 실천하는 데 힘쓰지 않고 거짓을 꾸미고 겉치레를 좇아 명성과 칭찬을 구하는 학문이다.

爲己之學, 以道理爲吾人之所當知, 德行爲吾人之所當行, 近裏著工, 期在心得而躬行者, 是也. 爲人之學, 則不務心得躬行而飾虛徇外, 以求名取譽者, 是也.

● 내 눈에는 벗들 가운데 학문이 크게 나아간 사람이 보이지 않고 또 이 학문을 믿으려고도 하지 않으니, 혹 내가 하는 일이 믿을 만하지 못해서 그런 것일까? 몹시 근심스럽고 두렵다.

眼中朋友未見有長進者, 又不曾信向此事, 豈吾所爲者, 無足取信耶? 甚可憂懼.

옛사람이 말하기를, "감히 자신하지 못하겠거든 스승의 설을 믿으라."라고 했는데, 지금은 믿을 만한 스승이 없으니 모름지기 성현의 말을 믿어야 할 것이다. 성현은 사람을 속이지 않는다.

古人云: "不敢自信而信其師." 今者無師可信, 須信聖賢之言, 聖賢必不欺人.

무릇 일상생활에서 말을 적게 하고 욕심을 절제하며, 한가하고 고요하고 평온하게 지내야 한다. 그림 감상, 화초 구경, 산수 유람, 물고기와 산새를 완상玩賞하는 것 등등의 일도 진실로 뜻을 즐겁게 하고 마음을 기쁘게 할 수 있다면 항상 접하는 것을 싫어하지 말 일이다. 마음과 기운을 늘 조화로운 경지에 두어 어그러지고 착란하여 노여움이 생기지 않게 하는 것이 요체이다. 책을 볼 적에도 마음을 괴롭히는 데까지 이르러서는 안 되며, 많이 보는 것은 절대 경계해야 한다.

凡日用之間, 少酬酢節嗜慾, 虛閒恬愉. 至如圖書花草之玩, 溪山魚鳥之樂, 苟可以娛意適情者, 不厭其常接, 使心氣常在順境中, 無咈亂以生嗔恚, 是爲要法. 看書勿至勞心, 切忌多書.

이치를 궁구함에도 여러가지가 있다. 궁구하고자 하는 일이 얽히고설켜 있어 힘써 탐색해도 알 수 없거나 자신의 천성이 그 일에 어두워서 억지로 밝혀내기 어려운 경우에는 우선 그 일은 내버려두고 따로 다른 일에 대해 궁구해야 한다. 이처럼 궁구하기를 계속하다보면 자꾸 누적되고 익숙해져 자연히 마음이 점차 밝아지므로 이치의 실상이 차츰 눈앞에 드러나게 된다. 그때 다시 전에 궁구하지 못했던 일에 대해 자세히 생각하고 연구하여 이미 궁구된 이치와 서로 관련시키고 비교해보면 자기도 모르는 사이에 전에 알지 못했던 이치를 갑자기 깨치게 되니, 이것이 곧 이치를 궁구하는 활법活法이다.

窮理多端, 所窮之事, 或值盤錯肯綮, 非力索可通, 或吾性偶暗於此, 難强以燭破, 且當置此一事, 別就他事上窮得, 如是窮來窮去, 積累深熟, 自然心地漸明, 義理之實漸著目前. 時復拈起向之窮不得底, 細意細繹, 與已窮得底道理, 參驗照勘, 不知不覺地, 幷前未窮底, 一時相發悟解, 是乃窮理之活法.

한 제자가 퇴계 선생께 묻기를 "저는 늘 조용히 혼자 있고 싶지 남과 상대하기가 싫은데, 이는 치우친 것이겠지요?" 라고 하자, 선생께서는 이렇게 대답하셨다.

"그래, 치우친 것 같네. 하지만 공부하는 자에게 도움이 안 된다고는 할 수 없지. 나도 처음에는 이 병통이 있었는데, 공부에 도움 되는 바가 없지 않았다네."

問: "小子每欲閒靜獨居而不欲與人相接, 無乃偏僻耶?" 曰: "果似偏僻. 然於學者不能無補, 余初時亦有此病, 不無所益."

벽오공碧梧公[2]이 퇴계 선생께 물었다.

"늙으니 잠이 없고 밤새 뒤척이게 되는데, 어쩌면 좋습니까?"

선생께서 말씀하셨다.

"이는 노인에게 으레 있는 일이지요. 그럴 때에는 옛사람의 글을 생각하는 것보다 좋은 게 없을 거외다."

碧梧公告于先生曰: "老來無寐, 終夜輾轉, 奈何?" 曰: "此老人常事, 莫如念古人書耳."

제자인 김성일金誠一은 이렇게 말했다.

선생께서는 겸허함을 덕으로 삼아서 털끝만큼도 자만하는 마음이 없으셨으며, 도를 이미 분명히 봤으면서도 마치 보지

2 벽오공(碧梧公): 명종 때의 문신인 이문량(李文樑). '벽오'는 그 호.

못한 듯이 하셨고, 덕이 이미 높으면서도 부족한 듯이 여기셨다. 그리하여 자신을 향상시키고자 하는 마음이 돌아가시는 날까지 한결같았다. 그 마음가짐은, 차라리 성인을 배우다가 도달하지 못할망정 한가지만 잘하는 것으로써 이름을 얻으려 하지 않았다. 자기 자신의 능력을 지나치게 믿는 사람을 보면 몹시 옳지 않게 여겼으며, 반드시 그 일을 거론하여 제자들로 하여금 경계하게 하였다.

先生謙虛爲德, 無一毫滿假之心, 見道已明而望之若不見, 德已尊矣而歉然若無得, 向上之心, 至死如一日. 其設心, 以爲寧學聖人而未至, 不欲以一善成名. 嘗見世人有自許太過者, 深以爲非, 必擧以爲戒.

서경덕

공부하면 성인(聖人)이 될 수 있다

서경덕

화담花潭 서경덕徐敬德은 조선 중종·명종 때의 유학자로 생몰연대는 1489~1546년이다. 이황과 마찬가지로 어지러운 정치현실을 벗어나 향리에서 학문연구에 전념하였다. 이황과 동시대인이지만 이황과는 사뭇 다른 학문세계를 이룩하였다.

그는 몹시 가난한 집안 출신으로서 스승 없이 혼자서 고심하여 학문을 이룩하였다. 젊은 시절 이치를 깨닫기 위해 며칠씩 고요히 앉아 뜬눈으로 밤을 새기도 하였으며 이 때문에 병을 얻기도 하였다. 또한 천지만물의 이름을 하나씩 벽에다 써 붙인 후 깊은 사색을 통해 그 이치를 깨치는 식으로 공부한 것으로도 유명하다. 요컨대 그의 공부법은 사색을 통한 용맹정진과 자득自得: 스스로 터득함이 그 요체라 하겠다.

그러므로 이황이 주자의 책을 충실히 읽음으로써 도道를 체득體得해갔다면, 서경덕은 스스로 생각하여 천지만물의 이치를 깨친 다음 그 깨달음을 성현의 책을 통해 인증印證하는 역의 과정을 밟았다고 말할 수 있다. 이런 차이는 이황이 정이천에서 주자로 이어지는 정통 성리학을 계승한 데 반해, 서경덕은 기철학자라는 점과 관련이 있다.

주자나 이황은 따지는 공부에 힘써 많은 글을 남겼지만, 명상과 직관을 중요시한 서경덕은 그렇게 많은 글을 남기지 않았다. 그러나 깨달음의 높이는 남긴 글의 많고 적음과는 무관하다.

여기에 실린 글은 『화담집花潭集』에서 뽑았다.

학문에 있어 중요한 것은, 이치를 밝게 보고 일을 정밀하게 처리하는 것이다.

凡貴於學問者, 在我見理明處事精.

꼴 베고 나무하는 미친한 사람들의 말일지라도 성인聖人은 버리지 않았다.

蒭蕘之言, 聖人擇之.

하늘과 땅의 올바름을 온전히 타고난 존재가 사람이다. 올바름이란 무엇을 말하는가? 의로움과 어짐이다. 의로움과 어짐의 근원은 지극히 선하고 진실되어, 물결이 일지 않는 물과 같고 때가 끼지 않은 거울과 같다.

天地之情, 稟全者人. 其正伊何? 曰義與仁. 仁義之源, 至善至眞, 如水未波, 如鏡未塵.

성인과 광인의 차이는 마음을 닦는 데 있어 게으른가 공경스러운가, 바로 이 차이다.

狂聖之分, 一蹴怠敬.

사악함을 물리치고 진실됨을 보존하면 바른 기운이 마음속에 가득 차게 되는데, 이를 지극히 확충하면 호연지기가 성대해진다.

閑邪存誠, 正斯內充, 充之之極, 浩然氣雄.

도道는 사람에게서 멀리 있지 아니하나니, 공부하면 성인이 될 수 있다.

道不遠人, 聖可學至.

● 군자가 공부를 귀히 여김은, 공부를 통해 그침(止)을 알게 되기 때문이다. 공부를 하고도 그침을 모른다면 공부하지 않은 것과 무엇이 다르겠는가.

君子之所貴乎學, 以其可以知止也. 學而不知止, 與無學何異?

● 그렇다면 어떻게 공부하면 생각도 없고 허물도 없는 경지에 이를 수 있을까? 공경스런 마음을 가지고, 이치를 관찰하는 것이 그 방법이다. 공경이란, 마음을 오로지 한곳에 두어 딴데에 신경쓰지 않는 것을 말한다. 하나의 사물을 접하면 그 접한 바에 그치고 하나의 일에 응하면 그 응하는 바에 그쳐 다른 사물과 일이 그 사이에 끼어들지 못하게 한다면, 마음이 전일하여 사물이 지나가버리고 일이 끝난 후에 곧 거두어들일 수 있으므로, 그 맑고 깨끗하기가 마치 밝은 거울이 비어 있는 듯할 것이다. 하지만 마음을 공경스럽게 가지는 공부가 부족하면, 바야흐로 자신의 마음을 오로지 한곳에 둘 때에도 그쳐야 한다는 생각에 집착하게 된다. 그쳐야 한다는 생각에 집착하게 되면 그것은 또한 마음의 누累가 된다. 그러므로 반드시 공

경스런 마음을 갖는 공부를 오래함으로써 고요함(靜)을 근본으로 삼아 움직임(動)을 제어하고, 밖에서의 그침에 집착하지 않음과 동시에 안에서의 그침에 집착하지 않은 후에라야 생각도 없고 하는 일도 없는 경지에 거의 이를 수 있다.

然則如何用功, 而可止於無思無過之地也? 曰: 持敬觀理, 其方也. 敬者, 主一無適之謂也. 接一物則止於所接, 應一事則止於所應, 無間以他也則心能一, 及事過物去而便收斂, 湛然當如明鑑之空也. 然而顧吾持敬未熟, 則方其主一之時, 不爲泥止者鮮矣. 泥止則亦爲累爾. 必持敬之久, 而能主靜以御動, 外不泥止, 而內無滯止, 然後無思無爲者, 可幾也.

나의 학문은 모두 스스로 고심하고 온 힘을 다해 얻은 것이다.

吾學皆苦心極力得之.

사람들은 혹 내가 수학을 전공한다 하지만, 나는 수학을 통해 깨달은 것이 아니다. 그러나 수학을 몰라서는 안 되니, 종횡으로 뒤엉켜 있는 이치를 숫자를 통해 알 수 있기 때문이다.

人或以我爲治數學. 我非由數學而悟. 盖不可不知耳. 理之縱橫錯

綜, 在數字.

숫자를 통해 복잡한 이치를 명료하게 이해할 수 있다.

理之錯綜處, 在數上分曉.

나는 젊은 시절에 어진 스승을 만나지 못해 공부에 헛된 힘을 많이 썼다. 공부하는 이들은 이런 나를 본받아서는 안 될 것이다.

吾少也, 不得賢師, 枉費工夫, 學者不可效某工夫.

행실이 매우 고매한 현자賢者라 할지라도 그 견해가 투철하지 못하면 결국 괜찮은 사람에 그칠 뿐이요 장차 퇴보를 면치 못할 것이다. 이 점은 꼭 알아야 한다.

賢者雖制行甚高, 見處若不灑然, 終爲可人而已, 且不免退步, 不可不知也.

용모나 말씨에 법도가 있음을 귀하게 여기는 까닭은 그

것을 통해 마음을 다스릴 수 있기 때문이다. 만일 외양에만 힘쓰고 대도大道를 알지 못한다면 괜찮은 사람 정도에 그치고 말 것이니, 이것이 요즘 공부하는 이들의 병통이다.

所貴乎容貌辭氣有法度者, 所以檢其內也. 若專務事外, 而不知大道, 則是不過可人而止, 此近來學者之病也.

옛사람이 말하기를 "생각하고 또 생각하면 귀신이 통하게 해준다."[1]라고 했는데, 귀신이 통하게 해주는 게 아니라 마음이 스스로 통하는 것이다.

古人云: "思之思之, 鬼神其通之." 非鬼神通之, 心自通耳.

단정하게 앉지 않으면 생각이 전일하게 되지 않고, 생각이 전일하지 않으면 이치를 궁구할 수 없다.

若不危坐, 思慮不一, 思慮不一, 不能窮格.

사물을 관찰하는 공부가 익으면

1 이는 관중(管仲)의 말이다.

해와 별 높이 뜨고 나쁜 기운 사라지지.
스스로 호연지기 가슴에 길러
세상 티끌 벗어나 자연 속에 사네.
觀物工夫到十分, 日星高揭霽披氛.
自從浩氣胸中養, 天放林泉解外紛. (「又一絶」)

그 옛날 책 읽을 땐 세상에 뜻을 두었지만
나이 드니 도리어 안회顔回[2]의 가난함이 즐겁네.
부귀에는 다툼 있어 손대기 어렵지만
자연은 막는 이 없어 편히 쉴 만하네.
나물 뜯고 낚시질하여 배를 채우고
달을 노래하고 바람을 읊으니 정신이 맑아지네.
공부하여 의심이 없게 되면 쾌활함을 느끼니
헛된 인생 사는 건 면했네그려.
讀書當日志經綸, 晩歲還甘顔氏貧.
富貴有爭難下手, 林泉無禁可安身.
採山釣水堪充腹, 詠月吟風足暢神.
學到不疑知快活, 免敎虛作百年人. (「述懷」)

2 안회(顔回): 공자가 가장 아끼던 제자인데, 평생 가난 속에서 학문을 즐기다 요절했음.

- 화담[3]의 한칸 초가집은
  신선이 사는 곳처럼 깨끗하네.
  창을 열면 늘어선 산들이 가깝고
  베갯머리엔 시냇물 소리가 조용하네.
  골짜기 깊으니 바람이 시원하고
  땅이 외지니 나무가 무성하네.
  그 속에 거니는 한 사람 있어
  맑은 아침 즐거이 독서를 하네.
  花潭一草廬, 瀟洒類僊居.
  山簇開軒近, 泉聲到枕虛.
  洞幽風淡蕩, 境僻樹扶疎.
  中有逍遙子, 淸朝好讀書. (「山居」)

- 학문을 한다면서 잡된 공부에 얽매였던 건
  몽매함 열어줄 스승을 못 만났던 탓.
  애쓰며 부지런히 공부했더니
  쉰살이 되어서야 비로소 통한 듯.

---

3 화담: 개성 근처에 있는 지명. 서경덕은 평생 이곳에 은거했으며, 지명을 자신의 호로 삼았다.

爲學長嗟坐冗叢, 未逢先正發餘蒙.
辛勤做得工夫手, 五十年來似始通. (「次沈敎授見贈韻」)

- 만겹 청산에 초가집 한채
평생 몇권의 성현 책과 벗하고 있네.
가끔 좋은 손님 찾아오는 건
숲과 못이 그림보다 곱기 때문이리.
萬疊靑山一草廬, 生涯數帙聖賢書.
時蒙佳客來相訪, 爲有林潭畫不如. (「謝府官諸公遊花潭見訪」)

- 구름 숲에 숨어 사는 선비 있는데
그 높은 뜻을 아무도 모르네.
도道의 맛을 늘 음미하느라
배가 고픈 것 근심치 않네.
비단으로 그 마음 장식했건만
몸에는 온전히 걸친 옷 없네.
헐벗음과 굶주림 견줄 데 없지만
도리어 부귀한 자들 비웃고 있네.
雲林有逸士, 高義無人知.

咀嚼道中味, 不憂腹長飢.

錦繡裝其內, 身上無完衣.

飢寒世無比, 翻笑富貴兒. (「謝二生贈衣」)

화담 선생은[4] 집이 몹시 가난했다. 어릴 때 그 부모는 춘궁기가 되면 선생에게 밭두둑에서 나물을 캐오게 하였다. 그런데 선생은 매일 늦게 오면서도 나물을 광주리에 가득 채워 오지 못하는 것이었다. 부모가 이상히 여겨 그 까닭을 물으니, 선생은 다음과 같이 대답했다.

"나물을 캘 때에 어떤 새가 날아오르는데, 오늘은 땅에서 한 치 높이로 날고 다음날은 땅에서 두치 높이로 날며 그 다음날은 땅에서 세치 높이로 날더이다. 날이 갈수록 점점 더 높이 나는데, 저는 이 새의 행동을 관찰하면서 가만히 그 이치를 생각해보았습니다만 끝내 알 수 없었습니다. 그래서 매일 늦게 돌아오고 광주리도 채우지 못했습니다."

화담 선생이 이치를 궁구하는 힘이 이러한 데에 근원을 두고 있으니, 기이하다 하겠다.

花潭家甚貧. 兒時, 父母使於春後采蔬田間, 每日必遲歸, 蔬亦不

4 이 조목은 숙종 때의 학자인 박세채(朴世采, 1631~95)의 말이다.

盈筐. 父母怪而問其故, 對曰: "當采蔬時, 有鳥飛飛, 今日去地一寸, 明日去地二寸, 又明日去地三寸, 漸次向上而飛, 某觀此鳥所爲, 窃思其理而不能得. 是以, 每致遲歸, 蔬亦不盈筐也."

花潭窮理之功, 原於此, 奇哉.

선생께서는[5] 18세 때에 『대학』을 읽다가 '앎을 이루는 것은 사물을 궁구함에 있다.'라는 구절에 이르러 개연히 탄식하기를,

"공부하는 데 있어 사물을 궁구하는 것을 먼저 하지 않는다면 독서를 한들 무슨 소용이 있겠는가!"

라고 하였다. 이에 천지만물의 이름을 모두 써서 벽에다 붙여두고는 날마다 그 이치를 궁구하기를 일삼아서, 한 사물의 이치를 궁구하여 깨달은 이후에야 다시 또다른 사물의 이치를 궁구하였는데, 만일 그 이치를 궁구하지 못하면 밥을 먹어도 그 맛을 알지 못하고 길을 걸어도 그 가는 곳을 알지 못했으며 심지어는 뒷간에 가더라도 일을 보는 것을 잊을 정도였다. 혹 며칠씩 잠을 자지 않다가 때로 눈을 붙이면 꿈속에서 그때까지 궁구하지 못했던 이치를 깨닫기도 하였다. 비록 옛사람이

5 이 조목은 화담의 제자인 박민헌(朴民獻, 1516~86)의 말이다.

3년 동안 방 밖을 나가지 않고 겨울에는 화롯불을 쬐지 않고 여름에는 부채도 없이 공부했다고 하나 이보다 더하지는 않았을 것이다. 당시 선생의 연세는 20세였는데, 밤낮을 가리지 않고 더위와 추위를 불문한 채 한방에 꼿꼿이 앉아 있기를 3년 동안 하였다. 타고난 기운이 본래 강인하기는 했지만, 사색을 너무 지나치게 해 마침내 병이 생겨 문 밖을 나설 수 없게 되었다. 그러나 사색을 안 하려고 해도 또한 되지 않았다. 이렇게 하기를 또 3년 만에 병이 서서히 나았다. 그리하여 전후 6년 동안에 이치를 궁구하지 않은 사물이 없었지만, 오직 이치의 본원本原만큼은 아직 한꺼풀이 가로막혀 있었는데 이때에 이르러 모두 깨달았으니, 당시 선생의 연세 고작 24~25세였다.

年十八, 讀大學, 至致知在格物, 慨然嘆曰: "爲學而不先格物, 讀書安用?" 於是, 乃盡書天地萬物之名, 糊於壁上, 日以窮格爲事, 究一物旣通, 然後又究一物. 方其未窮也, 臨食不辨其味, 行路不知所趨, 至如溷湢, 忘其便旋而起. 或累日不睡, 有時闔眼, 則夢中通其所未窮之理. 雖古人, 三年不窺園, 冬不爐夏不扇, 無以過也. 時年二十餘, 蓋不論晝夜, 不問寒署, 危坐一室者三年. 稟氣雖剛, 思索太過, 至於成疾, 不能出戶, 雖欲不爲思索, 亦不得也. 如是者又三年, 病乃稍愈. 前後六年, 無物不格, 惟理之本原, 猶隔一膜, 至是皆通之, 年可二十四五.

서경덕은[6] 개성 사람으로서 자질이 총명하고 특출하였다. 젊어서 과거를 보아 생원에 합격하였는데, 이내 과거 공부를 버리고 화담에 초가집을 지어 오로지 사물을 궁구하기를 일삼아 혹 여러날을 잠자코 앉아 있곤 하였다. 그가 이치를 궁구하는 방법은, 하늘의 이치를 알고자 할 경우 하늘 '천天' 자를 벽에다 써 붙였으며 이윽고 그것을 깨달은 후에는 다시 다른 글자를 써 붙이는 식이었다. 그 정밀하게 생각하고 힘써 연구함은 남들이 도저히 따라갈 수 없었다. 이처럼 하기를 여러 해 하자, 도리를 마음속에 환하게 깨칠 수 있었다. 그 학문은, 독서를 일삼지 않고 오로지 사색하는 것이었으며, 그렇게 하여 깨달은 다음 독서를 통해 입증하였다. 늘 말하기를,

"나는 스승이 없어 공부하는 데 지극히 힘들었지만 후인들은 내 말에 의거해 공부한다면 나처럼 힘들진 않을 것이다."

라고 하였다.

그 논리는 장횡거張橫渠[7]의 설을 많이 주장하여 정자나 주자와는 조금 달랐지만, 스스로 이치를 깨친 즐거움은 사람들이 헤아릴 수 있는 바가 아니었다. 항상 마음속 가득히 기뻐하여, 세상의 득실과 시비와 영욕을 가슴속에 담지 않았다. 살림살

---

6 이 조목은 율곡 이이의 말이다.

7 장횡거(張橫渠): 장재(張載). 횡거는 그 호. 북송(北宋)의 성리학자. 주자의 선배로서 기철학(氣哲學)을 전개하였다.

이를 돌보지 않아 자주 양식이 떨어지고 배고픔을 참아야 했는데, 사람들이 견디지 못하는 이런 어려움 속에서도 학문하는 즐거움을 잃지 않았다. 그 문하생인 강문우姜文佑가 쌀을 갖고 찾아 뵈었는데, 경덕은 화담의 초가에 앉아 있었다. 날이 이미 점심때를 넘겼으나 경덕은 학문적 논의로 사람들을 감동시키며 조금도 피곤한 기색을 보이지 않았다. 문우가 부엌에 들어가 그 집 사람에게 물어보니,

"그저께부터 양식이 떨어져 밥을 짓지 못했다."

라고 말했다 한다.

敬德開城人, 天資聰穎特出, 少業科擧, 參司馬榜, 旋棄所業, 卜築于花潭, 專以窮格爲事, 或默坐累日. 其窮理也, 如欲窮天之理, 則書天字于壁, 旣窮之後, 更書他字. 其精思力究, 非人所及, 如是累年, 於道理上恍然心明. 其學, 不事讀書, 專用探索, 旣得之後, 讀書以證之. 常曰: "我不得師, 故用功至深. 後人依吾言, 則用功不至如我之勞矣." 其論理, 多主橫渠之說, 微與程朱不同, 而自得之樂, 非人所可測也. 常充然悅豫, 世間得失, 是非榮辱, 皆不以入其胸次焉. 專不事治産, 屢空忍飢, 人所不堪. 而處之晏與也. 其門生姜文佑, 齎米謁敬德, 坐于花潭, 日已亭午, 敬德論議動人, 略無困悴之色, 文佑入廚, 問其家人, 則"自昨糧絶不炊"云.

나의[8] 선친[9]께서는 화담 선생에게 가장 오래 배웠다. 한번은 7월에 선생 댁을 찾아가니, 화담에 있는 초당草堂으로 가신 지 이미 엿새나 되었다고 하였다. 즉시 화담으로 찾아갔는데, 가을 장마에 여울물이 넘쳐 건널 수가 없었다. 날이 저물어 여울물이 조금 줄어들자 겨우 건너서 화담에 이르렀다. 선생께서는 바야흐로 거문고를 타면서 낭낭히 시를 읊조리고 계셨다. 선친께서 저녁밥을 지어먹어야겠다고 하자 선생은 이렇게 말하였다.

"나도 먹지 않았으니 내 밥까지 함께 짓는 게 좋겠군."

하인이 부엌에 들어가 보니 솥에는 이끼가 가득했다. 선친이 의아하게 여겨 그 까닭을 묻자 선생은,

"물이 불어서 집사람이 엿새나 오지 못했기 때문에 내가 오랫동안 식사를 못했다네. 그러니 분명 솥에 이끼가 끼었을 게야."

라고 하였다. 그 말을 듣고 우러러 얼굴을 바라보았는데, 조금도 굶주린 기색이 없었다. 이는 옛날에 증자曾子[10]가 7일을 굶고도 천천히 거닐며 상송商頌[11]을 읊조리매 그 소리가 맑은 악

---

8 이 조목은 허균(許筠, 1569~1618)의 말이다.

9 선친: 허엽(許曄, 1517~80). 서경덕의 제자였음.

10 증자(曾子): 공자의 제자.

11 상송(商頌): 『시경』에 들어 있는 시의 한 종류.

기소리 같았다는 것과 무엇이 다르겠는가?

先大夫, 學於花潭先生最久, 嘗於七月, 往就先生之家, 則云: "往花潭已六日." 卽往潭墅, 則秋潦方漲, 不得渡, 日夕湍稍減, 僅涉而至. 先生方鼓琴高咏, 先人請炊夕飯. 先生曰: "吾亦不食, 可竝炊之." 僕入廚則苔滿鼎中. 先人怪問其故, 先生曰: "阻水六日, 家人不能至, 吾久廢食, 故鼎必生薢也." 仰觀其容, 了無飢乏之色, 此與曾子七日不食, 曳履謳商, 聲若金石者, 何以異哉?

선생은[12] 갑진년1544년 겨울부터 계속 자리에 누워 계시다가 병오년1546년 7월 7일 새벽녘 화담의 서재에서 돌아가셨다. 향년 58세였다. 임종할 때에 한 제자가 여쭈었다.

"선생님, 지금 심경이 어떻습니까?"

선생은 이렇게 대답했다.

"삶과 죽음의 이치를 안 지 내 이미 오래니 마음이 편안하다."

先生自甲辰冬, 連在床褥, 丙午七月七日昧爽, 卒于花潭書齋, 享年五十八. 臨易簀, 有一門生問曰: "先生今日意思何如?" 先生曰: "死生之理, 知之已久, 意思安矣."

12 이 조목은 제자인 박민헌의 말이다.

조식

경(敬)은 학문의 시작이요 끝이다

조식

남명南冥 조식曺植은 조선 중종·명종 때의 유학자로 생몰연대는 1501~72년이다. 이황과 동시대인으로 평생 처사處士로 지내면서 성리학을 연구하고 실천하는 데 힘써 독자적인 학풍을 열었다.

그는 강직하고 정의감이 강한 학자였으며, 아는 것을 실천해야 한다는 점을 대단히 강조하였다. 이 때문에 민생과 국방을 비롯한 현실문제에 깊은 관심을 보였다. 명종에게 올린 상소에서, 당시 국정을 좌지우지하던 명종의 어머니 문정왕후文定王后를 "궁궐의 한 과부"라 비판한 데서 그가 얼마나 기개 높은 학자였는지 짐작할 수 있다.

그는 공부란 일상생활 속에서 이루어지며, 또한 공부하여 깨달은 이치를 반드시 일상생활 속에서 실천해야 한다고 생각하였다. 이 때문에 퇴계 문하의 학풍이 형이상학적 논의에 치중하는 경향을 보이는 데 대해 엄중한 비판을 가하기도 하였다. 임진왜란 때 곽재우를 비롯해 수많은 의병장들이 그의 문하에서 나온 것은 의義와 실천을 강조한 학풍 때문이었던 것이다.

여기에 실린 글은 『남명집南冥集』에서 뽑았다.

요즘 공부하는 자들을 보면, 생활 속의 작은 일들은 몸소 실천할 줄 모르면서 입으로만 천리天理를 말해 명성이나 얻고 남을 속이려 한다.

近見學者, 手不知洒掃之節, 而口談天理, 計欲盜名, 而用以欺人.

손으로는 조그만 일도 할 줄 모르면서 입으로만 하늘의 이치에 대해 말하고들 있지만, 그 행실을 살펴보면 도리어 무식한 사람만 못하다.

手不知洒掃之節, 而口談天上之理, 夷考其行, 則反不如無知之人.

그대는 물을 거슬러 올라가는 배를 보지 못했는가? 잠시라도 방심하면 멀리 떠내려가고 만다.

君不見撑上水船乎? 放寸則退下十丈.

● 오늘날의 풍속은 오염되고 훼손됨이 대단히 심하다. 모름지기 천길 절벽처럼 우뚝하게 버티고 서서 머리가 쪼개지고 손발이 잘리더라도 풍속에 휩쓸려 변하지 말아야 할 것이다. 그런 뒤에라야 훌륭한 사람이 될 수 있다.

如今時俗, 汚毁已甚, 要須壁立千仞, 頭分支解, 不爲時俗所移, 然後方可做成吉人.

● 다른 사람으로 하여금 선을 행하도록 도와주는 것, 이것이 군자의 가장 아름다운 일이다.

與人爲善, 君子之第一好事.

● 정밀히 보기만 하고 푹 익지 않으면 도를 알 수 없다. 또한 푹 익기만 하고 정밀히 보지 않아도 도를 알 수 없다. 정밀히 봄과 푹 익음, 이 둘이 모두 지극한 후에라야 도를 꿰뚫어볼 수 있다.

蓋精而未熟, 則不可以知道, 熟而未精, 則亦不可以知道. 精與熟俱至, 然後可以透見骨子了.

경敬은 학문의 시작이요 끝이다. 처음 학문을 시작하는 사람으로부터 성현에 이르기까지 모두 경을 주로 함〔主敬〕으로써 도에 나아가는 방편으로 삼아야 한다. 학문을 하면서 경을 주로 하는 공부가 부족하면 그 학문은 거짓이 되고 만다. 맹자가 말하기를,

"학문하는 방법은 다른 것이 없다. 놓아버린 마음을 되찾는 것일 뿐이다."

라 하였으니, 이것이 바로 경을 주로 하는 공부이다. 옛날 뭇 성현들이 남긴 책이 많지만, 이 한마디가 지극하고 극진하다. 학문하는 사람들이 본심을 잘 거두어들여 오래도록 잃지 않는다면, 온갖 사악함이 저절로 사라지고 모든 이치가 저절로 통할 것이다.

敬者, 聖學之成始成終者, 自初學以至聖賢, 皆以主敬爲進道之方. 學而欠主敬工夫, 則其爲學僞矣. 孟子曰: "學問之道, 無他. 求其放心而已." 此是主敬工夫. 古者群聖賢之書雖多, 而於此一言, 至矣盡矣. 學者苟能收斂此心, 久而不失, 則群邪自息, 而萬理自通矣.

사람들은 대부분 불우함을 걱정하지만, 나는 불우함으로 인해 형통할 수 있었다. 여러번 과거시험에 낙방하여 불우했기에 형통하기를 바라다가 가야 할 길을 찾게 되었고, 그 길을 가다가 본연의 마음을 볼 수 있었으며, 부형父兄의 가르침을 들을 수 있었다. 굶주림 끝에 먹을 것을 얻고 근심 끝에 즐거움을 얻은 셈이니, 나의 불우함을 세상 사람들의 형통함과 바꿀 수 있겠는가? 나는 바꾸지 않으련다.

人多以困窮爲憫, 於余則困是爲通, 屢屈科第, 因困求亨, 而尋得路向這邊去, 見得本地風光, 聞得父兄謦咳, 飢而食, 憂而樂, 吾窮有可以換做世人之通乎? 吾不換也.

아래로 사람의 일을 배운 다음, 위로 하늘의 이치에 통하는 것이 학문에 나아가는 올바른 순서이다. 사람의 일을 버리고 하늘의 이치만 말하는 것은 입에 발린 이치이고, 스스로를 돌이켜보지 않고 지식만 주워 모으는 것은 진정한 학문이 아니다.

由下學人事, 上達天理, 又其進學之序也. 捨人事而談天理, 乃口上之理也. 不反諸己而多聞識, 乃耳底之學也.

초학자의 공부란 어버이를 섬기고 형을 공경하며 어른에게 공손하고 아이에게 자애롭게 하는 것에 불과하다. 이런 일에는 힘쓰지 않고 갑자기 심오한 성리性理를 연구하고자 한다면 이는 사람의 일을 통해 하늘의 이치를 탐구하는 게 아니니, 필경 마음에 참되이 얻는 바가 없을 것이다. 이 점은 깊이 경계해야 한다.

爲學, 初不出事親敬兄悌長慈幼之間, 如或不勉於此, 而遽欲窮探性理之奧, 是不於人事上求天理, 終無實得於心, 宜深戒之.

나는 공부하는 사람에게 졸지 말라고 충고한다. 눈만 뜬다면 능히 스스로 천지와 일월을 볼 수 있을 것이기 때문이다.

吾於學者, 只得警其昏睡而已. 旣開眼了, 自能見天地日月矣.

공부하는 사람은 잠을 많이 자서는 안 된다. 사색하는 공부는 밤에 더욱 온전히 되기 때문이다.

學者無多著睡, 其思索工夫, 於夜尤專.

학문이란 모름지기 스스로 깨침을 귀하게 여긴다. 한갓

책에 의존하여 알게 된 이치일 뿐이고 자기 마음속에서 참되이 깨달은 게 아니라면, 결국 아무 소용이 없다. 마음속에서 참되이 깨달은 것은 입으로 말하기 어렵다. 그러므로 학자는 말 잘하는 것을 귀하게 여기지 않는다.

學必以自得爲貴. 徒靠冊子上講明義理, 而無實得者, 終不見受用. 得之於心, 口若難言, 學者不以能言爲貴.

큰 도시의 시장을 구경해보면 금은보화가 없는 게 없다. 그러나 하루 종일 길거리를 오가며 그 값을 물어본다 한들 끝내 자기 집 물건은 되지 못하리니, 차라리 자기가 가진 베 한필로써 한마리 생선을 사서 돌아옴이 나을 것이다. 지금의 학자들이 심오한 성리性理에 대해 논하고들 있지만, 자기 마음에 진실되게 깨달은 이치가 아니라면 이것과 무엇이 다르겠는가?

遨遊於通都大市中, 金銀珎玩, 靡所不有, 盡日上下街衢而談其價, 終非自家家裡物, 却不如用吾一匹布, 買取一尾魚來也. 今之學者, 高談性理, 而無得於己, 何以異此?

선생은 제자인 김우옹金宇顒에게 말씀하셨다.

"천하에서 제일 통과하기 어려운 관문, 그것은 곧 화류관花柳

關[1]이다. 너희들은 이 관문을 넘었느냐, 넘지 못했느냐?"

그리고 장난삼아 이런 말씀도 하셨다.

"이 관문은 능히 쇠와 돌도 녹여버린다."

先生謂宇顒曰: "天下第一鐵門關, 是花柳關也. 汝等能透此關否?" 因戱言: "此關能銷鑠金石."

착하게 되는 것도 습성에서 말미암고, 악하게 되는 것도 습성에서 말미암는다. 발전하는 사람이 되느냐 퇴보하는 사람이 되느냐 하는 것도 발 한걸음 내딛는 사이의 일이다.

爲善由有習也, 爲惡由有狃也. 向上猶是人也, 趨下亦猶是人也, 只在一擧足之間而已.

선생이 문하생에게 말씀하셨다.

"내 평생 잘한 게 있다면, 죽으면 죽었지 구차하게 남을 따르지 않은 것이다."

先生謂門人曰: "吾平生有長處, 抵死不肯苟從."

---

1 화류관(花柳關): 화류계(花柳界)라는 관문.

저 천석[2] 크기의 종을 보아라.
크게 치지 않으면 소리가 없다.
두류산과 견주면 어떠할는지?
하늘이 울어도 우는 법 없는.
請看千石鍾, 非大扣無聲.
爭似頭流山, 天鳴猶不鳴. (「題德山溪亭柱」)

선생은 작은 칼을 차고 다니기를 좋아했는데, 칼에는 다음과 같은 명銘을 새겼다.
"안으로 마음을 밝히는 것은 경敬이요,
밖으로 행동을 결단하는 것은 의義다."
先生愛佩寶刀, 銘曰: "內明者敬, 外斷者義."

성실하고 삼가며
사악함을 물리치고 참됨을 보존하라.
산처럼 우뚝하고 못처럼 깊으면
봄날의 꽃처럼 환히 빛나리.

---

2 석: 중량의 단위. 1석은 120근임.

肅信肅謹, 閑邪存誠.

岳立淵沖, 燁燁春榮. (「座右銘」)

공부를 하지 않으면
사람다운 사람이 될 수 없다

이이

이이

율곡栗谷 이이李珥는 조선 명종·선조 때의 유학자로 생몰연대는 1536~84년이다. 정치가, 경세가로서도 큰 업적을 남겼다.

그는 논리 전개가 대단히 명석하고 종합적인 통찰력을 지닌 학자로서, 성리학의 중요한 문제들에 대해 독창적인 견해를 내놓았다. 그 결과, 기호학파畿湖學派를 형성하여 이황의 영남학파嶺南學派와 대립하면서 조선의 성리학계를 양분하였다.

이황이 이理를 귀하게 여기고 기氣를 천하게 여기는 입장에서 양자를 분리해서 파악한 데 반해, 이이는 이와 기가 시간적으로나 공간적으로 서로 분리될 수 없다고 보았다. 그리하여 발發하는 것은 오직 기이며, 이理는 기에 올라타는 조리條理일 뿐이라고 보았다. 이것이 저 유명한 '기발이승일도설氣發理乘一途說'이다.

이이는 공부에 관한 자신의 평소 생각을 『격몽요결擊蒙要訣』이라는 책으로 엮은 바 있다. '격몽'이란 어린이를 깨우친다는 뜻이다. 그러나 이 책은 비단 아동이나 초학자에게만 소용되는 책이 아니라, 공부하는 사람이라면 누구든지 곱씹어봐야 할 경구警句들로 가득하다. 이이는 이 책을 통해 학문론의 체계를 세워보고자 했던 것이다.

여기에 실린 글은 바로 이 『격몽요결』에서 뽑았다.

사람이 이 세상에 태어나 공부를 하지 않으면 사람다운 사람이 될 수 없다. 이른바 공부한다는 것은 특별하거나 별다른 것이 아니다. 다만 어버이가 되어서는 자식에게 인자하고, 자식이 되어서는 어버이에게 효도하며, 신하가 되어서는 임금에게 충성하고, 부부간에 서로 분별이 있고, 형제간에 서로 우애가 있으며, 젊은이는 어른을 공경하고, 친구간에 서로 믿음이 있게 하는 것이다. 이것은 모두 날마다 생활하는 사이에 일에 따라 각기 그 마땅함을 얻어야 하는 것이지, 현묘한 데 마음을 쏟아 기이한 효과를 바랄 게 아니다.

배우지 않은 사람은 마음이 꽉 막히고 식견이 좁다. 그러므로 모름지기 책을 읽고 사물의 이치를 궁구하여 마땅히 나아가야 할 길을 밝힌 다음에야 그 방향이 정확해지고 그 실천이 옳을 수 있다.

지금 사람들은 공부하는 것이 일상생활 가운데 있음을 알지 못하고 망령되게도 높고 먼 데 있어 행하기 어려운 것으로 생각하므로, 공부는 특별한 사람이나 하는 것으로 간주하고 자기는 자포자기해버린다. 이 어찌 슬픈 일이 아니겠는가.

人生斯世, 非學問, 無以爲人. 所謂學問者, 亦非異常別件物事也. 只是爲父當慈, 爲子當孝, 爲臣當忠, 爲夫婦當別, 爲兄弟當友, 爲少者當敬長, 爲朋友當有信. 皆於日用動靜之間, 隨事各得其當而已, 非馳心玄妙, 希覬奇效者也. 但不學之人, 心地茅塞, 識見茫昧, 故必須讀書窮理, 以明當行之路, 然後造詣得正, 而踐履得中矣. 今人不知學問在於日用, 而妄意高遠難行, 故推與別人, 自安暴棄, 豈不可哀也哉!

처음 배우는 이는 무엇보다 먼저 뜻을 세워야 한다. 반드시 성인聖人이 되겠노라고 스스로 다짐하고, 조금이라도 자신을 하찮게 여기거나 중도에 물러설 생각을 하지 말아야 한다. 평범한 사람들도 그 타고난 본성은 성인과 똑같다. 비록 그 기질에 있어 맑고 흐리고 순수하고 잡됨의 차이는 있을 수 있겠지만 참되게 알아 실천하여 잘못된 습관을 버리고 타고난 본성을 되찾는다면, 털끝만큼도 보태지 않더라도 온갖 착함이다 갖추어질 것이다. 그러니 평범한 사람이라 해서 어찌 성인 되기를 바라지 않을 수 있겠는가?

初學, 先須立志, 必以聖人自期, 不可有一毫自小退託之念. 皆衆人與聖人, 其本性則一也. 雖氣質不能無淸濁粹駁之異, 而苟能眞知實踐, 去其舊染, 而復其性初, 則不增毫末, 而萬善具足矣. 衆人豈可不以聖人自期乎?

사람의 얼굴 모습은 추한 것을 곱게 고칠 수 없고, 완력은 약한 것을 강하게 할 수 없으며, 키는 작은 것을 크게 고칠 수 없다. 이는 이미 정해진 분수가 있으므로 바꿀 수 없지만, 오직 마음만큼은 어리석은 것을 지혜롭게 만들고 어질지 못한 것을 어질게 만들 수 있는 것이니, 이는 마음의 본성이 신령스러워서 타고난 기질에 구속되지 않기 때문이다. 지혜보다 더 아름다운 것이 없고 어진 것보다 더 귀한 것이 없건만 어찌하여 굳이 어질고 지혜롭게 되려 하지 않고 하늘로부터 받은 착한 본성을 해치려고 하는가? 사람들이 이러한 뜻을 굳게 지켜 물러서지 말아야 도를 이룰 수 있을 것이다.

人之容貌, 不可變醜爲姸, 膂力不可變弱爲强, 身體不可變短爲長, 此則已定之分, 不可改也. 惟有心志, 則可以變愚爲智, 變不肖爲賢, 此則心之虛靈, 不拘於稟受故也. 莫美於智, 莫貴於賢, 何苦而不爲賢智, 而虧損天所賦之本性乎? 人存此志, 堅固不退, 則庶幾乎道矣.

무릇 스스로 뜻을 세웠다고 말하면서도 힘쓰지 않고 머뭇거리며 뒷날을 기다리는 사람은, 말로는 뜻을 세웠다고 하나 실제로는 공부하려는 성의가 없기 때문이다. 정말 자신의 뜻을 공부하는 데 둔다면, 어질게 되는 것이 자신에게 달려 있어 하고자 하면 뜻대로 되는 것인데 어찌 남에게서 얻으려 하며 뒷날을 기다리겠는가.

凡人自謂立志, 而不卽用功, 遲回等待者, 名爲立志, 而實無向學之誠故也. 苟使吾志誠在於學, 則爲仁由己, 欲之則至, 何求於人, 何待於後哉?

뜻을 세움이 중요하다는 것은, 공부를 시작하고서도 행여 미치지 못할까 걱정하면서 늘 물러서지 말 것을 다짐해야 하기 때문이다.

所貴乎立志者, 卽下工夫, 猶恐不及, 念念不退故也.

만일 뜻이 진실되고 독실하지 못하여 그럭저럭 시간만

보낸다면 나이를 먹어 세상을 마칠 때까지 무슨 성취가 있겠는가?

如或志不誠篤, 因循度日, 則窮年沒世, 豈有所成就哉?

사람이 비록 공부하겠다는 뜻을 가지고 있으면서도 용감하게 앞으로 나아가 학문을 이루지 못하는 것은, 오래된 습관이 가로막아 방해하기 때문이다. 오래된 습관의 조목을 다음에 열거한다. 만일 뜻을 매섭게 하여 이것들을 과감하게 끊어버리지 않는다면, 끝끝내 학업을 이룰 수 없을 것이다.

첫째, 마음과 뜻을 게을리하고 몸가짐을 함부로 하면서 한가롭고 편안한 것만 생각하고 자신을 단속함을 몹시 싫어하는 것.

둘째, 항상 돌아다니기만 생각하여 조용히 안정하지 못하고, 분주히 드나들면서 이야기로 세월을 보내는 것.

셋째, 자신과 같은 부류를 좋아하고 다른 부류를 미워하며, 시속時俗에 빠져 있고, 이런 자신을 조금 고쳐보려 하다가도 무리로부터 따돌림을 받을까 두려워하는 것.

넷째, 글로써 시류時流에 칭찬받기를 좋아하고, 경전의 글귀를 표절하여 문장을 꾸미는 것.

다섯째, 편지 쓰기에 공을 들이고, 거문고를 타거나 술 마시는데 탐닉하여 빈둥빈둥 세월을 보내면서 스스로 그것이 맑은 운치라고 말하는 것.

여섯째, 한가한 사람들을 모아 바둑이나 장기 두기를 좋아하고, 종일토록 배불리 먹으면서 논쟁만 일삼는 것.

일곱째, 재산이 많고 지위가 높은 것을 부러워하고 가난하고 지체가 낮은 것을 싫어하여, 베옷을 입고 거친 음식을 먹는 것을 몹시 부끄럽게 여기는 것.

여덟째, 욕심에 절도가 없어 능히 끊어버리거나 절제하지 못하고 돈과 노래와 여색에 빠져 그 맛을 꿀맛처럼 여기는 것.

오래된 습관이 마음에 해를 끼침이 이와 같거늘, 그밖의 것은 일일이 다 들기 어렵다.

이러한 습관은 사람의 뜻을 굳고 단단하지 못하게 하고 행동을 독실하게 하지 못하게 해서, 오늘 한 것을 다음날에 고치기 어렵게 하고 아침에 그 행동을 뉘우쳤다가도 저녁에는 다시 그대로 하게 한다. 그러므로 반드시 용맹스런 뜻을 크게 떨쳐 마치 단칼로 뿌리와 줄기를 베어버리듯 하고, 그 마음을 깨끗이 씻어 털끝만한 것도 남기지 않으며, 수시로 크게 반성하는 노력을 더하여 마음에 한 점도 나쁜 습관이 남아 있지 않게 해야 한다. 그런 다음에야 학문에 나아가는 공부에 대해 말할 수 있을 것이다.

人雖有志於學, 而不能勇往直前, 以有所成就者, 舊習有以沮敗之也. 舊習之目, 條列於左, 若非勵志痛絶, 則終無爲學之地矣.

其一, 惰其心志, 放其儀形, 只思暇逸, 深厭拘束. 其二, 常思動作, 不能守靜, 紛紜出入, 打話度日. 其三, 喜同惡異, 汨於流俗, 稍欲修飭, 恐乖於衆. 其四, 好以文辭, 取譽於時, 剽竊經傳, 以飾浮藻. 其五, 工於筆札, 業於琴酒, 優游卒歲, 自謂淸致. 其六, 好聚閒人, 圍棊局戲, 飽食終日, 只資爭競. 其七, 歆羨富貴, 厭薄貧賤, 惡衣惡食, 深以爲恥. 其八, 嗜慾無節, 不能斷制, 貨利聲色, 其味如蔗. 習之害心者大槩如斯, 其餘難以悉擧. 此習使人志不堅固, 行不篤實, 今日所爲, 明日難改, 朝悔其行, 暮已復然, 必須大奮勇猛之志, 如將一刀快斷根株, 淨洗心地, 無毫髮餘脈, 而時時每加猛省之功, 使此心無一點舊染之汚, 然後可以論進學之工夫矣.

배우는 사람은 반드시 진실한 마음으로 도에 향하고, 세상의 잡된 일로 그 뜻을 어지럽혀서는 안 된다. 그런 다음에야 공부하는 기초가 잡힌다. 그러므로 공자께서는,

"진실하고 성실함을 으뜸으로 삼아야 한다."

라고 말씀하셨고, 주자는 이를 해석하여,

"사람이 진실하고 성실하지 않으면 모든 일이 다 진실하지 못하여 악한 일을 하기 쉽고 착한 일을 하기 어렵다. 그러므로 반드시 이를 으뜸으로 삼는 것이다."

라고 했으니, 반드시 진실함과 성실함을 으뜸으로 삼아 용감하게 공부한 다음에야 성취가 있게 된다. 황면재黃勉齋[1]가 말한 바, "마음을 진실하게 가져라〔眞實心地〕"라고 한 것과 "힘써 공부하라〔刻苦工夫〕"라고 한 두마디 말이 그 뜻을 다하였다고 할 것이다.

學者必誠心向道, 不以世俗雜事亂其志, 然後爲學有基址. 故夫子曰: "主忠信." 朱子釋之曰: "人不忠信, 事皆無實, 爲惡則易, 爲善則難, 故必以是爲主焉." 必以忠信爲主, 而勇下工夫, 然後能有所成就. 黃勉齋所謂眞實心地·刻苦工夫, 兩言盡之矣.

항상 일찍 일어나고 늦게 자며, 반드시 의관을 바르게 하고, 얼굴빛을 엄숙하게 하며, 두 손을 모아 바르게 앉으며, 걸음걸이를 급하지 않고 점잖게 하며, 말을 신중하게 해야 한다. 한가지 한가지의 행동을 경솔하게 해서는 안 되며, 아무렇게나 지나쳐버려서는 안 된다.

常須夙興夜寐, 衣冠必正, 容色必肅, 拱手危坐, 行步安詳, 言語愼重, 一動一靜, 不可輕忽苟且放過.

1 황면재(黃勉齋): 황간(黃幹). 면재는 호. 송나라의 성리학자로서 주자의 제자이자 사위였음.

몸가짐과 마음가짐에는 아홉가지 태도〔九容〕보다 더 중요한 것이 없고, 배움에 나아가고 지혜를 더하는 데에는 아홉가지 생각〔九思〕보다 더 중요한 것이 없다.

이른바 아홉가지 태도라는 것은, 걸음걸이는 무겁게 하고(발을 가볍게 들지 않는다. 그러나 어른의 앞에 나아갈 때는 이에 구애되지 않는다), 손은 공손하게 가지며(손을 아무렇게나 늘어뜨리지 않는다. 아무 할 일이 없으면 마땅히 단정하게 모으고 함부로 움직이지 말아야 한다), 눈은 바르게 뜨며(눈매를 안정시켜서 똑바로 바라보고, 흘겨보거나 곁눈질해서는 안 된다), 입은 다물고 있으며(말을 할 때나 음식을 먹을 때가 아니면 입을 움직이지 말아야 한다), 말소리는 조용히 하며(기운을 바르게 가져 재채기나 기침 따위의 잡된 소리를 내지 않는다), 머리는 곧게 들며(머리를 똑바로 하고 몸을 꿋꿋이 하며, 이리저리 돌리거나 기우뚱하게 해서는 안 된다), 숨소리는 정숙하게 하며(숨쉬기를 잘 조절해야 하며 소리를 내서는 안 된다), 서 있는 모습은 의젓해야 하며(한쪽으로 기울지 않게 똑바로 서야 하며 덕스러운 모습이 있어야 한다), 얼굴빛은 위엄이 있게 한다(얼굴빛을 단정히 하여 태만한 기색이 없어야 한다)는 것이다.

이른바 아홉가지 생각이라는 것은, 볼 때는 환히 볼 것을 생각하고(보는 데 편견이나 욕심이 없으면 환해서 보이지 않는 것이 없다), 들을 때는 똑똑하게 들을 것을 생각하고(듣는 데 가리는 게 없다면 분명하여 들리지 않는 것이 없다), 안색은 온화하게 가질 것을 생각하고(얼굴빛은 온화하여 노여운 기색이 없어야 한다), 태도는 공손할 것을 생각하고(몸가짐은 단정하고 엄숙해야 한다), 말은 진실될 것을 생각하고(한마디 말을 하더라도 진실되고 신실해야 한다), 일할 때는 조심할 것을 생각하고(한가지 일을 하더라도 조심하지 않으면 안 된다), 의심날 때는 물어볼 것을 생각하고(마음에 의심나는 일이 있으면 먼저 깨달은 이에게 물어서 모르는 것이 없도록 해야 한다), 화가 날 때는 곤란하게 될 것을 생각하고(화가 날 때는 반드시 자신을 징계하여 이치로써 자신을 억제해야 한다), 이득이 생기면 의리를 생각해야 한다(재물이 생기면 반드시 의로운 것인가 아닌가를 판단하여 의리에 합당할 때만 받는다)는 것이다.

항상 이 아홉가지 태도와 아홉가지 생각을 마음에 두어 그 몸가짐을 단속해야 하며, 잠시라도 몸가짐과 마음가짐을 함부로 해서는 안 된다. 또 이것을 앉은자리 한쪽에 써 붙여 놓고 수시로 볼 일이다.

收斂身心, 莫切於九容, 進學益智, 莫切於九思. 所謂九容者, 足容重(不輕擧也. 若趍于尊長之前, 則不可拘此), 手容恭(手無慢弛. 無事則當端拱, 不妄動), 目容端(定其眼睫, 視瞻當正, 不可流眄邪睇), 口容止(非言語飮食之時, 則口常不動), 聲容靜(當整攝形氣, 不可出噦咳等雜聲), 頭容直(當正頭直身, 不可傾回偏倚), 氣容肅(當調和鼻息, 不可使有聲氣), 立容德(中立不倚, 儼然有德之氣像), 色容莊(顔色整齊, 無怠慢之氣). 所謂九思者, 視思明(視無所蔽, 則明無不見), 聽思聰(聽無所壅, 則聰無不聞), 色思溫(容色和舒, 無忿厲之氣),

貌思恭(一身儀形, 無不端莊), 言思忠(一言之發, 無不忠信), 事思敬(一事之作, 無不敬愼), 疑思問(有疑于心, 必就先覺審問, 不知不措), 忿思難(有忿必懲, 以理自勝), 見得思義(臨財必明義利之辨, 合義然後取之), 常以九容九思, 存於心而撿其身, 不可頃刻放捨. 且書諸座隅, 時時寓目.

예禮가 아니면 보지 말고, 예가 아니면 듣지 말며, 예가 아니면 말하지 말고, 예가 아니면 행동하지 말라. 이 네가지는 몸을 닦는 데에 중요한 것이다. 예와 예가 아닌 것을 처음 공부하는 사람이 구별하기는 어렵겠지만, 모름지기 이치를 궁구하여 밝혀서 아는 것만이라도 힘써 행하면 반쯤은 된 것이다.

非禮勿視·非禮勿聽·非禮勿言·非禮勿動四者, 修身之要也. 禮與非禮, 初學難辨, 必須窮理而明之, 但於已知處力行之, 則思過半矣.

공부라는 것은 일상생활과 일 속에 있다. 평소에 행동을 공손히 하고 일을 공경히 하며 남을 진실되게 대하는 것, 이것이 곧 공부라고 할 수 있다. 책을 읽는 것은 이 이치를 밝히고자 해서이다.

爲學在於日用行事之間. 若於平居, 居處恭, 執事敬, 與人忠, 則是名爲學, 讀書者, 欲明此理而已.

옷은 화려하거나 사치스런 것을 입을 것이 아니라 추위를 막으면 그만이고, 음식은 맛있는 것을 먹을 것이 아니라 배고픔을 면하면 그만이며, 거처는 좋은 데 살 것이 아니라 병나지 않을 정도면 된다. 그러나 학문의 공을 이룸과 마음을 바르게 함과 예의를 지킴은 날마다 힘쓰고 힘써서 스스로 만족해서는 안 된다.

衣服不可華侈, 禦寒而已. 飮食不可甘美, 救飢而已. 居處不可安泰, 不病而已. 惟是學問之功, 心術之正, 威儀之則, 則日勉勉而不可自足也.

자기의 사욕을 이기는 공부가 일상생활에서 가장 긴요하다. 자기의 사욕이란, 내 마음이 좋아하는 게 하늘의 이치에 맞지 않는 것을 말한다. 내 마음이 여자를 좋아하는가, 이익을 좋아하는가, 명예를 좋아하는가, 벼슬하기를 좋아하는가, 편안하게 지내기를 좋아하는가, 잔치를 베풀어 즐기기를 좋아하는가, 진기한 보배를 좋아하는가 등등을 모름지기 잘 살펴보아 만일 온갖 좋아하는 것 중에 이치에 맞지 않는 것이 있으면 모두 단호히 끊어버려 싹과 뿌리를 남겨두지 말아야 한다. 그런 다음에야 내 마음의 좋아하는 것이 비로소 하늘의 이치에 맞아 사욕이 없게 될 것이다.

克己工夫, 最切於日用. 所謂己者, 吾心所好, 不合天理之謂也. 必須撿察吾心, 好色乎, 好利乎, 好名譽乎, 好仕宦乎, 好安逸乎, 好宴樂乎, 好珍玩乎, 凡百所好, 若不合理, 則一切痛斷, 不留苗脈, 然後吾心所好, 始在於義理, 而無己可克矣.

말이 많고 잡념이 많은 것이 마음 공부에 가장 해롭다. 그러니 일이 없으면 마땅히 고요히 앉아 마음을 기를 것이며, 사람을 대하면 마땅히 할 말을 가려서 간단하고 신중하게 해야 한다. 때를 맞추어 말을 하면 말이 간단하지 않을 수 없고, 말이 간단하면 도道에 가깝다.

多言多慮, 最害心術. 無事則當靜坐存心, 接人則當擇言簡重, 時然後言, 則言不得不簡, 言簡者近道.

공부하는 사람은 한결같이 도에만 향할 것이요, 바깥 사물에 얽매여서는 안 된다. 더구나 바깥 사물이 부정한 것이라면 그것을 일체 마음에 두어서는 안 된다. 만약 동네 사람들이 모인 곳에서 장기나 바둑을 두거나 노름 등을 한다면 들여다보지 말고 물러나 피해야 할 것이며, 창기들이 노래하고 춤추는 것을 만난다면 반드시 피해가야 한다. 만일 고을의 큰 모임에서 혹 웃어른이 굳이 만류하여 피해 물러갈 수 없는 상황이라면 비록 그 자리에 앉아 있더라도 용모를 단정히 하고 마음을 맑게 가져서 간사한 소리와 음란한 기색이 자신을 범하지 못하게 해야 한다. 잔치에서 술을 마시게 되더라도 몹시 취해서는 안 되며, 거나하면 그만두는 게 옳다. 무릇 음식은 알맞게 먹을 것이요, 입에 맞는다고 마구 먹어서 기운을 상해서는 안 된다. 말과 웃음은 간단하고 신중해야 할 것이요, 시끄럽게 떠들어서 절도를 잃어서는 안 된다. 행동거지는 의젓하고 점잖아야 하며, 거칠어서 법도를 잃어선 안 된다.

爲學者一味向道, 不可爲外物所勝, 外物之不正者, 當一切不留於心. 鄕人會處, 若設博奕樗蒲等戱, 則當不寓目, 逡巡引退, 若遇倡妓作歌舞, 則必須避去. 如値鄕中大會, 或尊長强留, 不能避退, 則雖在座, 而整容淸心, 不可使奸聲亂色有干於我. 當宴飮酒, 不可沈醉, 浹洽而止, 可也. 凡飮食當適中, 不可快意有傷乎氣. 言笑當簡重, 不可喧譁以過其節. 動止當安詳, 不可粗率以失其儀.

일이 있으면 사리에 맞게 처리하고, 책을 읽을 때는 성실한 마음으로 이치를 궁구해야 한다. 그외에는 늘 고요히 앉아 마음을 가다듬어서 아무런 잡념이 일어나지 않도록 하고, 정신이 맑아 혼매함이 없도록 해야 한다. 이른바 "공경으로써 마음을 바르게 한다."라는 것이 이런 것이다.

有事則以理應事, 讀書則以誠窮理. 除二者外, 靜坐收斂此心, 使寂寂無紛起之念, 惺惺無昏昧之失, 可也. 所謂敬以直內者如此.

마땅히 몸과 마음을 바르게 가져 겉과 속이 한결같게 하고, 그윽한 데 있더라도 드러난 곳에 있을 때와 같이 하고, 혼자 있더라도 여러 사람과 함께 있을 때와 같이 하여, 자신의 마음을 저 푸른 하늘의 밝은 해처럼 남들이 환히 볼 수 있게 해야 한다.

當正身心, 表裏如一, 處幽如顯, 處獨如衆, 使此心如靑天白日, 人得而見之.

"한가지라도 의롭지 못한 일을 하거나 한 사람이라도 죄 없는 사람을 죽이고서 천하를 얻는다 할지라도 그런 일은 해서는 안 된다."[2]라는 생각을 늘 가슴속에 간직하고 있어야 한다.

常以 "行一不義, 殺一不辜而得天下, 不爲" 底意思, 存諸胸中.

---

2 『맹자』에 나오는 말이다.

• 삼가 마음을 길러(居敬) 근본을 세우고, 사물의 이치를 궁구하여(窮理) 선善을 밝히며, 힘써 행하여(力行) 실천하는 것, 이 세가지는 공부하는 사람이 죽을 때까지 해야 할 일이다.

居敬以立根本·窮理以明乎善·力行以踐其實三者, 終身事業也.

• 생각에 사특함이 없을 것(思無邪)과 공경하지 않음이 없을 것(毋不敬), 이 두 구절은 일생 동안 쓰더라도 다하지 않을 것이다. 마땅히 벽 위에 써 붙여 놓고서 잠시라도 잊지 않도록 할 것이다.

思無邪·毋不敬, 只此二句, 一生受用不盡, 當揭諸壁上, 須臾不可忘也.

• 날마다 자주 자신의 몸가짐과 마음가짐을 살펴보아, 마음이 가다듬어져 있는가, 공부가 진전되고 있는가, 행하는 데 힘쓰고 있는가를 점검해서 고칠 점이 있으면 고치고 없으면 더욱 부지런히 노력하여 죽는 날까지 게을리하지 말아야 한다.

每日頻自點檢, 心不存乎, 學不進乎, 行不力乎, 有則改之, 無則加勉, 孜孜無怠, 斃而後已.

공부하는 사람은 항상 그 마음을 학문에 두어야지 다른 일에 얽매여서는 안 된다. 반드시 사물의 이치를 궁구하여 선善이 무엇인지 분명히 안 다음에야 마땅히 나아갈 길이 앞에 환히 나타나서 차차 발전하게 된다. 그러므로 도道에 들어가기 위해서는 무엇보다도 먼저 사물의 이치를 궁구해야 하며, 사물의 이치를 궁구하기 위해서는 무엇보다도 먼저 책을 읽어야 한다. 성현이 마음을 쓴 자취와, 본받아야 할 선과 경계해야 할 악이 모두 책 속에 들어 있기 때문이다.

學者常存此心, 不被事物所勝, 而必須窮理明善, 然後當行之道, 曉然在前, 可以進步. 故入道莫先於窮理, 窮理莫先乎讀書, 以聖賢用心之迹及善惡之可效可戒者, 皆在於書故也.

무릇 책을 읽는 사람은 반드시 단정히 앉아 삼가 공경하여 책을 대하며, 마음을 오로지하고 뜻을 극진히 하여 글의 의미를 정밀하게 이해하고 깊이 생각할 것이며, 구절마다 반드시 실천할 방법을 찾아야 한다. 만일 입으로만 읽어서 마음으로 체득하지 못하고 몸으로 실행하지 못한다면, 책은 책이고 나는 나니 무슨 이로움이 있겠는가?

凡讀書者, 必端拱危坐, 敬對方冊, 專心致志, 精思涵泳, 深解義趣, 而每句必求踐履之方. 若口讀而心不體身不行, 則書自書我自我, 何益之有?

책을 읽을 때는 반드시 한가지 책을 숙독하여 그 뜻을 다 알아서 완전히 통달하고 의문이 없게 된 다음에야 다른 책을 읽을 것이요, 많은 책을 읽어서 많이 얻기를 탐내어 부산하게 이것저것 읽지 말아야 한다.

凡讀書, 必熟讀一冊, 盡曉義趣, 貫通無疑, 然後乃改讀他書, 不可貪多務得, 忙迫涉獵也.

벗을 사귈 때는 반드시 학문을 좋아하고, 착한 행실을 좋아하며, 바르고 엄격하고 곧고 진실한 사람과 사귀어야 한다. 그러한 친구와 함께 지내면서 충고하고 경계하는 말을 겸허하게 받아들여 나의 부족한 점을 고치도록 한다. 만일 게으르고, 놀기를 좋아하고, 나약하고, 아첨을 좋아하고, 올곧지 않은 사람이면 사귀지 말아야 한다.

擇友, 必取好學好善方嚴直諒之人, 與之同處, 虛受規戒, 以攻吾闕, 若其怠惰好嬉柔佞不直者, 則不可交也.

● 같은 소리는 서로 응하게 되고, 같은 기질은 서로 찾게 된다. 만일 내가 학문에 뜻을 두었다면 내 마음은 반드시 학문을 하는 선비를 찾게 마련이고, 학문을 하는 다른 선비 또한 반드시 나를 찾게 될 것이다. 학문을 한다고 내세우면서도 뜰 안에 잡된 사람들을 많이 불러들여 시끄럽게 떠들어대며 날을 보내는 사람은, 필시 그가 즐거워하는 것이 학문에 있지 않기 때문이다.

同聲相應, 同氣相求, 若我志於學問, 則我必求學問之士, 學問之士, 亦必求我矣. 彼名爲學問, 而門庭多雜客, 喧囂度日者, 必其所樂, 不在學問故也.

● 옛날에 어떤 사람이 남의 훼방을 그치게 하는 방법을 묻자, 문중자文中子[3]가 대답했다.

"자신의 몸가짐을 닦는 게 제일 좋은 방법이다."

좀더 말씀해달라고 청하자, 이렇게 말했다.

"변명하지 않는 것이다."

이 말은 학문하는 사람이 법도로 삼을 만하다.

昔者, 或問止謗之道, 文中子曰: "莫如自修." 請益, 曰: "無辨." 此

---

3 문중자(文中子): 왕통(王通). 문중자는 시호임. 수(隋)나라의 학자.

言可爲學者之法.

항상 온화하고 공경스럽고 자애로우며, 남에게 은혜를 베풀거나 남을 도와주고자 하는 마음을 가져야 하며, 남을 핍박하거나 해치고자 하는 마음은 털끝만큼도 가져서는 안 된다. 무릇 사람들은 자기에게 이롭게 하고자 하므로 반드시 남이나 사물을 해치게 된다. 그러므로 학문하는 사람은 먼저 자기에게 이롭게 하려는 마음을 끊어버린 다음에야 인仁을 배울 수 있다.

常以溫恭慈愛惠人濟物爲心, 若其侵人害物之事, 則一毫不可留於心曲. 凡人欲利於己, 必至侵害人物. 故學者先絶利心, 然後可以學仁矣.

훌륭한 스승을 만나려면 묻기를 좋아해야 한다

이익

이익

성호星湖 이익李瀷은 조선 영조 때의 실학자로 생몰연대는 1681~1763년이다. 형 이잠李潛이 당쟁으로 목숨을 잃자 벼슬길에 나가기를 단념하고 평생 학문에 힘써 일가一家를 이루었다.

그는 주자를 절대화하면서 경전의 자구字句에 대한 천착을 일삼고 있던 당시의 학풍을 반성하고, 어려움에 처한 나라와 도탄에 빠진 백성을 구하고자 학문을 하였다. 말하자면 현실 문제를 해결하기 위해 학문에 몰두한 것이다.

그는 향리인 경기도 광주에서 농민들이 기근과 수탈에 시달리다 못해 유망流亡하는 참담한 현실을 오랫동안 보아오면서, 곡식 한톨도 자기 힘으로 생산하지 못하는 자신을 "천지간의 한마리 좀벌레"일 뿐이라고 한탄한 바 있다. 이 한탄은 곧 지식인의 책무에 대한 양심적인 반성 및 자각과 통한다. 이러한 자각은 성리학자들에게서는 좀처럼 발견하기 힘든 것으로서, 우리는 이에서 학풍의 전환을 읽을 수 있다. 학풍의 전환은 학문론의 전환으로 연결된다.

훗날 정약용은 "우리들이 천지의 웅대함과 일월의 밝음을 알 수 있게 된 것은 모두 성호 선생의 힘이었다."라고 밝히고 있는데, 이익은 이른바 성호학파星湖學派의 창시자로서 조선후기 실학의 전개에 커다란 영향을 미쳤다.

여기에 실린 글은 『성호전서星湖全書』에서 뽑았다.

경전을 연구하는 사람은 반드시 그 본뜻을 연구하고 철저히 방증하여, 자신을 수양하고 세상을 편안케 하는 근본으로 삼아야 한다. 만일 경전 가운데 한 구절의 뜻을 옳게 밝히지 못하면 그에 상응하는 한가지 일에 결함이 생긴다고 여겨야 할 것이다.

窮經者, 必能推究本旨, 到底旁證, 爲修己安人之基, 一句不明, 一事有闕也.

경전을 연구하는 것은 장차 세상에 활용하기 위해서다. 경전에 대해 말하면서 그것을 천하만사에 활용하지 않는다면 이는 그저 글자를 읽는 데 불과하다.

窮經, 將以致用也. 說經而不措於天下萬事, 是徒能讀耳.

● 세상은, 난잡하거나 간사하거나 꾸며대는 말에 젖어 있다. 때문에 타고난 자질이 십분 꿋꿋하고 방정하지 않으면 자신의 소신대로 살 수가 없다. 그래서 바람이 부는 대로 흔들리는 풀과 같이 지레 놀라게 된다. 모름지기 자신의 몸과 마음을 굳게 지켜야만 구렁텅이에 빠지지 않을 수 있다.

世旣淴灃鉤曲鉸繞之說, 遞相薰染, 苟非生質之十分剛方, 無以自立, 風吹草動, 輒先驚怪. 須守在吾身心, 可免於坑塹也.

● 불교에서는 "원앙새 수놓은 솜씨는 보여줄지라도, 바늘을 남에게 주지는 말라."라고 한다. 그 뜻은 수놓은 솜씨는 남에게 보여주되 수놓는 방법만큼은 말해주지 않아, 보는 사람으로 하여금 궁리하여 스스로 알게 한다는 말이다. 만일 수놓는 방법까지 가르쳐준다면 배우는 자가 깊이 터득하지 못할까 우려한 것이다.

佛家云: "鴛鴦繡出從君看, 莫把金針度與人." 其意謂以繡示人, 姑不說針法, 使看者推究自得也. 若並與針法, 恐得之不深也.

공자는 "주공周公이 지녔던 것과 같은 뛰어난 재주를 지닌 사람이라 할지라도 그가 만일 교만하고 인색하다면 그밖의 것은 아예 볼 것도 없다."라고 말했다. 교만이란 기운이 가득 찬 것이니, 가득 차면 남을 용납할 수 없다. 인색이란 기운이 부족한 것이니, 부족하면 남에게 베풀 수 없다.

子曰: "如有周公之才之美, 使驕且吝, 其餘不足觀也." 驕氣盈, 盈則不能容物, 吝氣歉, 歉則不能及物.

세상의 일각에서 떠들기를, "근본을 중히 여겨 마음을 지킨다면 밖으로 드러나는 행실이야 애쓰지 않아도 저절로 바르게 될 것이다."라고 하면서, 몸가짐이나 행동에는 유의하려 하지 않는다. 이러한 풍조가 만연하면 필경 허황되고 방종한 사람을 낳아 이른바 근본이라는 것조차 잃어버리게 될 것이다.

世之一種議論, 却以爲本原爲重, 所守在內, 則外不待正而正, 不肯留心於威儀動靜之間, 此風一長, 畢竟爲荒誕放縱之人, 必將並與所謂本原者而失之.

맹자는 "만물이 모두 나에게 갖춰져 있다."라고 했다. 이는 인仁의 본체가 지극히 큼을 형용한 말이다. 무릇 천지 사이에 있는 날짐승과 들짐승, 풀과 나무가 모두 물物 아닌 것이 없는데, 인仁이란 이 모두를 나 자신과 한몸으로 간주하는 태도이다.

孟子曰: "萬物皆備於我." 此形容仁體之極大. 凡盈天地之間四海八荒禽獸草木, 皆物也. 仁者一視莫不屬己.

공자는 "아는 것을 안다 하고 모르는 것을 모른다 하는 것, 이것이 바로 아는 것이다."라고 했다. 이는 알지 못하는 것을 억지로 안다고 하지 말라는 말이다. 내가 보건대 박학다식하다고 이름난 사람은 남이 물어보면 무엇이든 대답하지 않는 일이 드물다. 그러나 나중에 자세히 살펴보면 맞지 않는 게 있다. 이는 박학에만 마음이 쏠려 자기가 모르는 게 있음을 부끄럽게 여기는 까닭에 희미한 기억에 불과한 것을 억지로 안다고 여기기 때문이다. 고금의 일들과 온 세상의 사물들, 경전과 역사책과 기타 여러 책들의 문구를 어찌 하나도 빠짐없이 다 알 수 있겠는가? 이 때문에 모든 걸 다 안다고 자부하는 사람은 대체로 모르는 게 많다.

子曰: "知之爲知之, 不知爲不知, 是知也." 謂不强其所不知也. 余見素號博洽多知者, 人問之, 鮮或不對, 後來深考, 有不合者. 此爲博治所使, 耻其不能, 故依俙憶記, 勒作已知也. 古今之事變, 四海之物態, 經史雜家文句, 寧有盡該之理? 以爲都識者, 盖有不知者多故也.

안다는 것은 곧 실천하고자 하는 것이다.

余謂知者, 將欲行之也.

자신의 덕德을 날마다 새롭게 하려면 모름지기 훌륭한 스승을 만나야 하고, 스승을 만나려면 모름지기 묻기를 좋아해야 한다. 묻기를 좋아하는 것이야말로 덕을 날마다 새롭게 하는 근본이다. 날마다 새롭게 되는 공부는, 오늘 묻기를 좋아하고 내일 묻기를 좋아하여 평생토록 부지런히 노력하여 자만하는 마음을 가지지 않는 데 있다.

要日新, 須得師, 要得師, 須好問, 是好問, 爲日新之根基, 則日新又新之功, 又在於今日好問, 又明日好問, 矻矻終年, 無自滿之志也.

자신의 덕을 날마다 새롭게 하는 공부를 오랫동안 하다 보면 게을러져서 교만하고 인색한 마음이 생기고, 그러면 곧 자만심이 싹튼다. 자만심이 싹트면 남이 자기만 못하다고 여기게 되고, 남이 자기만 못하다고 여기면 자기 마음대로 하게 된다. 자만심, 남이 자기만 못하다고 여김, 자기 마음대로 함, 이 세가지가 차례로 연달아 닥침은 비유컨대 식초에 초파리가 덤비고 양고기에 개미가 모이는 것과 같다. 그러므로 날마다 덕을 새롭게 하는 공부는 마치 넝쿨을 잡고 높은 데로 올라가는 것처럼 더디고 힘들다는 사실을 알아야 하고, 자만심의 해악은 언덕을 달려내려오는 것처럼 빠르고 쉽다는 사실을 알아 경계해야 한다.

苟使日新之久, 怠忽而驕吝焉, 則其志便自滿矣. 自滿, 則謂人莫己若矣, 謂人莫己若, 則便自用矣. 三者次第牽連而來, 如醯酸而鷄至, 羊羶而螘聚也. 故日新之功, 如扳援而上, 逆推而明之, 自滿之害, 如走阪而下, 順推以儆之.

송나라 이후 유학은 점점 심오하고 은미해져 한 글자나 두 글자의 뜻에 대해 깊이 탐구하고 지극히 토론하여 그 논변한 글이 상자에 가득 차게 되었다. 학자들은 이런 일에 골몰하여 아는 것만을 급선무로 삼고 행하는 것은 뒤로 미루었으니, 공자가 말한 "행하고 남은 힘이 있으면 학문을 한다."는 것과는 그 기풍이 다르게 되었다.

自宋以還, 儒者之學, 轉深轉隱, 一字兩字之義, 深究極討, 辨說盈篋, 人便汨汨沒沒, 又不免急於知而緩於行. 聖人曰: "行有餘力, 則以學文." 其氣像之不侔如此矣.

주자朱子는 만년에 자신의 문하생들이 글뜻에만 너무 얽매인 것을 걱정하였다. 이는 우리들이 깊이 생각해보아야 할 점이다.

朱子晩年, 亦以門人之繳繞文義爲憂, 此正吾輩所當深念.

퇴계退溪[1]의 글은 오로지 도道의 본원本源과 도덕적 실천에 관하여 논의하는 데 힘썼을 뿐, 현실문제에 대해서는 언급하지 않았다.

退溪之書, 專功於本源倫行之間, 未及於政事.

나는 천성이 글을 좋아한다. 그러나 종일토록 고심하여 글을 읽어도 실오라기 하나 곡식 한톨도 내 힘으로 생산하지 못하니, 어찌 이른바 하늘과 땅 사이의 한마리 좀벌레가 아니

1 퇴계(退溪): 이황의 호.

겠는가.

余性喜書, 雖終日呻吟, 一縷一粒, 皆非吾力所出, 豈非所謂天地間一蠹耶?

나는 평생 글 보기를 좋아하였다. 늙어갈수록 더욱 재미있음을 깨닫고 "이전에는 아무 맛도 모르고 헛되이 시간만 보냈구나!"라고 생각하였다. 모르겠다. 지금부터 다시 5년이나 10년의 세월이 지나간다면 보고 깨닫는 바가 어떠할지. 그러나 내 나이 이미 70이 넘었으니 목숨이 얼마 남지 않았다. 몇년 후면 죽게 될 테니, 끝내 아무것도 모르고 세상을 떠나게 되리라 생각한다.

余平生好觀書, 彌老彌覺有味, 只自道前此皆虛飄過世也. 不知更歷五年十年之久, 所得如何也? 吾年已七十餘, 死在朝夕, 數年之後, 理宜澌盡, 吾知終不免昧然畢矣.

큰 의심이 없는 자는
큰 깨달음이 없다

홍대용

홍대용

담헌湛軒 홍대용洪大容은 조선 영조·정조 때의 실학자로 생몰연대는 1731~83년이다. 학문적으로 박지원에게 큰 영향을 미쳤다.

그는 서학西學을 수용했으며, 천문학과 수학에 조예가 깊었다. 당시 학계를 지배하고 있던 명분론과 편협한 자기중심적 태도에 반대하고, 열린 자세로 인간과 세계에 대한 새로운 관점을 모색하고자 하였다. 그것은 요컨대 나와 남, 인간과 사물, 자민족과 이민족의 공존과 상호이해를 지향하는 것이었다.

그의 이러한 자세는 사상을 대하는 태도에서도 그대로 확인되거니와, 그는 자신의 사상만이 절대적 진리일 수 없고 불교·노장사상·양명학·묵가 등의 제 사상도 각기 그것대로의 미덕이 있으며, '징심구세澄心救世', 즉 인간의 마음을 맑게 하여 세상을 구제하고자 한다는 점에서는 지향하는 바가 같다고 보았다. 당시가 이단을 배격하던 시대였음을 생각한다면 그의 이런 태도는 대단히 놀라운 것이다. 그는 자신의 이런 입장을 '공관병수公觀併受', 즉 공정한 마음으로 보고 다른 사상의 장점을 두루 받아들인다는 명제로 표현하였다.

그는 당시의 조선 주자학이 보여주고 있던 공리공론적 측면과 허위성을 신랄하게 비판했으며, 시종일관 합리적이고 비판적인 연구자세를 견지하였다. 또한 학문은 단순히 지식을 추구하는 것이어서는 안 되고 실천으로 연결되어야 함을 역설하였다. "학문은 진실한 마음에 있고 실천은 실사實事에 있으니, 진실한 마음으로 실사를 행해야 한다." 실심실사實心實事의 학문, 이것이 홍대용이 구상한 실학의 기본 강령이었다.

홍대용의 사상에는 평등주의, 생태주의, 평화주의에 대한 지향이 아주 풍부하다.

여기에 실린 글은 『담헌집湛軒集』에서 뽑았다.

● 천하의 의리는 무궁하다. 어찌 자기의 견해만 옳다 하고 함부로 남을 그르다 하겠는가? 요임금이나 순임금과 같은 성인도 자기를 버리고 남을 따랐거늘, 요즘 사람은 망녕되이 자기만 주장하니, 자못 그 천박함을 알 수 있다.

天下之義理無窮, 豈可自是己見, 而妄非他人乎? 堯舜之聖, 舍己從人, 今人之妄自主張, 多見其淺淺矣.

『논어』에 이르기를, "말에는 구차함이 없어야 한다."라고 했다. 말에 구차함이 없으면 명분에도 구차함이 없으리라는 것을 알 수 있고, 행실 또한 구차하지 않을 것이다. 그러므로 『논어』에서는 명분과 행실에 대해서는 언급하지 않고, 다만 "말에는 구차함이 없어야 한다."라고 말했던 것이다.

"於言毋所苟而已矣." 言毋所苟, 則名之無所苟可知, 而行亦可以不苟. 故不及名行, 而只言: "言毋所苟."

군자가 선을 행함은 내가 마땅히 해야 할 일을 하는 것일 뿐이다. 그러니 죽은 뒤의 이름 따위에 마음을 두어서는 안 된다.

君子之爲善, 吾所當爲而已, 身後之名, 本不當經於心也.

주자는 일찍이 경전을 해석하는 법에 대해 말하면서 "차라리 모자라게 할지언정 넘쳐서는 안 되며, 차라리 서툴게 할지언정 번지르르해서는 안 된다."라고 했다. 이 두마디 말은 경전에 주석을 다는 사람에게 큰 교훈이 되고, 경전을 풀이하는 사람에게 지침이 될 만하다. 훗날 독서하는 자는 마땅히 명심하여 잊지 말아야 할 것이다.

朱先生嘗論解經之法曰: "寧疎勿密, 寧拙無巧." 竊謂此兩言者, 儘註家之大訓, 講師之指南也. 後之讀書者, 宜服膺而勿失.

우리나라에서는 주자를 존숭하므로 그 학문이 순정醇正하다. 그래서 중국의 학문이 융통성 있게 활달한 관점을 취하거나 혹 정해진 틀을 벗어나 잡스러운 것과는 양상을 달리한다. 대체로 기운이 치우쳐 있으므로 앎이 국한되고, 앎이 국한되어 있으므로 지킴이 확고하고, 지킴이 확고하므로 반드시 지키지 않아도 될 것까지 두둔하고 억지로 해석하게 되는 것이다. 이런 태도는 단점이 있는가 하면 장점도 있고, 장점이 있는가 하면 단점도 있다. 그리하여 속된 선비들은 헛된 이름을 추구해 마음과 그 하는 말이 서로 어긋나고, 주자에게 귀의하여 그 비위를 맞추는 신하가 되지 않는 사람이 드물다.

我東尊尙朱子, 門路醇正, 不若中國之寬轉達觀, 或不免於汎濫駁雜也. 盖氣之偏, 故識之局, 識之局, 故守之固, 守之固, 故幷與其不必守者, 而曲護而强解也. 是其有所短, 必有所長, 有所長, 亦必有所短. 俗儒殉名, 心口相違, 其不歸於朱門容悅之臣者, 鮮矣.

유취類聚[1]와 분속分屬[2]은 모두 옛날의 학문 방법이 아니다. 저서를 하면서 유취를 좋아하니 지름길로 빨리 가고자 하는 폐단이 생겨났고, 경전을 해석하면서 분속에 힘쓰니 글을 외우고 훈고訓詁를 일삼는 학문이 흥하게 되었다. 그러나 이에 힘입어 온갖 책이 씌어지고 훌륭한 말이 쏟아져나와 후학에게 분명하고 절실한 기여를 할 수 있었다. 하지만 위에서 무엇을 좋아하면 아래에선 그것을 추종해 더욱 심해지는 게 세상 이치다. 공자의 70명 제자가 죽자 대의가 어그러져, 근본을 버리고 말단을 추구하며, 안을 경시하고 밖을 중시하게 되었다. 그리하여 저서가 많아지면 많아질수록 마음으로 깨닫는 참된 이치는 들을 수 없게 되고, 이치를 말함이 정밀하면 정밀할수록 마음은 날로 황폐해가니, 유취와 분속의 방법이 이런 폐단을 낳은 것이다.

夫類聚與分屬, 皆非古也. 著書喜類聚, 而好逕欲速之弊作, 解經務分屬, 而記誦訓詁之學興. 是以, 其書非不備也, 其言非不善也, 其嘉惠後學, 非不明且切也, 但上有好焉, 下必甚焉, 理之常也. 七十子

---

1 유취(類聚): 비슷한 것을 모아 분류하는 것을 뜻한다.

2 분속(分屬): 구절이나 구문을 분석하여 서로 연관짓는 것을 뜻한다.

喪, 而大義乖, 舍本而趍末, 輕內而重外, 著書愈多, 而實得无聞, 談理愈精, 而心界日荒, 則類聚分屬之法, 不能不啓其弊也.

큰 의심이 없는 자는 큰 깨달음이 없다. 의심을 품고 있으면서도 얼버무리며 미봉하는 것보다는 자세히 물어 분변하는 게 나으며, 면전에서 아첨하며 마음에 없는 소리를 하는 것보다는 자신의 생각을 다 밝힌 후 서로 합치점을 찾는 게 낫다.

無大疑者, 無大覺. 與其蓄疑而含糊, 何如審問而求辨, 與其面從而苟合, 無寧盡言而同歸乎?

학자의 병통 가운데 자신감이 지나친 것보다 더 나쁜 건 없다.

盖學者之病, 莫甚於自信太過也.

그림자가 바르지 않은데 형체가 단정한 법은 없으며, 겉이 어지러운데 속이 다스려지는 법은 없다.

未有影斜而表端, 外亂而內治者.

이단을 배척한 옛 성인[3]의 태도에도 폐단이 없다고 할 수 없다.

古聖人排邪闢異之法, 不能無弊.

남을 이기려거나 자신의 박식함을 자랑하기 위해 세상에 아무 도움도 안 되는 헛된 말을 해서야 되겠는가.

何嘗務勝夸博, 而爲無益之空言乎?

오늘날은 비록 학문을 좋아하는 사람이라 할지라도 1년 내내 부지런히 힘쓰는 건 글줄이나 찾든가 이것저것 참조하여 고증하는 일에 불과하다. 차라리 실천은 그만둘지언정 오직 글을 널리 읽지 못할까 하는 것만 걱정하고, 차라리 마음을 닦는 공부는 날로 황폐해질망정 오직 저술을 많이 못할까 하는 것만 걱정한다. 이런 까닭에 옛날의 학자는 책이 없는 것이 걱정이었고, 지금의 학자는 책이 너무 많아 걱정이다. 옛날에는 책이 없었는데도 훌륭하고 어진 이가 배출되었건만 지금은 책이 많은데도 인재가 날로 줄어드니, 이는 혹 고금의 운세가 서

3 옛 성인: 공자를 가리킨다.

로 다르기 때문일까? 실은 책이 많은 까닭에 이런 결과가 초래되었다.

今好學者, 終歲勤苦, 不出於尋行數墨, 叅伍考證之間. 寧事業之有闕, 惟恐看書之不博. 寧本原之日荒, 惟恐著書之不多. 是以古之學者, 患在於無書, 今之學者, 患在於多書. 在古無書, 而英賢輩出, 在今多書, 而人材日下, 豈惟運氣之相懸哉? 實多書爲之祟也.

요즘 공부하는 이들은 입만 열면 성선性善을 말하고 말만 하면 반드시 정자와 주자를 일컫지만, 똑똑한 사람은 훈고에 빠지고 어리석은 사람은 명예와 이욕에 골몰한다.

今之學者, 開口便說性善, 恒言必稱程朱, 而高者汨於訓詁, 下者陷於名利.

망령되이 성명性命을 논하고, 함부로 불교와 노장老莊을 배척하며, 진실을 꾸미고 거짓을 파는 것은 우리 학문에 이로움이 없다.

妄談性命, 漫闢佛老, 假眞售僞, 莫利於吾學.

반드시 인의仁義에 침잠하고 조용히 예법을 행하여, 천하의 부귀도 그의 뜻을 움직이지 못하고, 가난의 근심도 그 학문하는 즐거움을 그만두게 하지 못하며, 천자도 감히 그를 신하로 삼지 못하고, 제후도 감히 그를 벗으로 삼지 못하며, 세상에 나아가 도道를 행할 경우 그 혜택이 온 세상에 미치고, 세상에서 물러나 숨을 경우 그 도가 천년 동안 빛을 발하는 사람이라야 내가 말하는 선비이다. 이런 사람이야말로 진정한 선비라고 말할 수 있다.

必也沈潛仁義之府, 從容禮法之場, 天下之富, 不足以淫其志, 陋巷之憂, 不能以改其樂, 天子不敢臣, 諸侯不得友, 達而行之, 則澤加於四海, 退而藏焉, 則道明乎千載, 然後乃吾所謂士也. 斯可謂之眞士矣.

부부의 잠자리는 참으로 도道가 발단하는 곳이요 학문이 시작되는 곳이다. 남을 대할 때에는 단정한 몸가짐을 한 채 자신이 옛 학문을 한다고 말하면서 남이 안 보는 어두운 방에서는 금수처럼 행동한다면 이는 자신을 속이고 남을 속이는 것이니, 이보다 부끄러운 일이 있겠는가? 부부 사이의 온화하고 공경하는 도는 시간이 흐를수록 더욱 즐겁지만, 방자하고 음탕한 욕정은 지나고 나면 곧 후회하게 된다. 온화함과 공경함은 마음의 올바른 이치에서 나온 것이므로 그 즐거움이 지속되지만, 방자함과 음란함은 욕정이 마음속에 불타오른 것이므로 후회해도 소용이 없다. 그런 까닭에 "도로써 욕망을 잊으면 즐겁되 미혹하지 않고, 욕망으로써 도를 잊으면 미혹하되 즐겁지 않다."라고 말하는 것이다. 그러므로, 도가 즐거운 게 아니라고 하거나 욕망이 미혹한 것이 아니라 말한다면 이 어찌 크게 잘못된 말이 아니겠는가?

夫婦衽席之間, 實道之所端, 學之所始. 對人斂膝, 自謂學古, 而任情暗室, 行同禽獸, 自欺欺人, 愧孰大焉? 和敬之道, 愈久增樂, 恣淫之慾, 一過生悔. 苟和敬也, 道成於己, 而不失其樂, 苟恣淫也, 慾熾於中, 而無及其悔. 故曰: "以道忘慾, 則樂而不惑, 以慾忘道, 則惑而不樂." 謂道非樂而謂慾非惑, 豈非大惑乎?

● 어른을 섬길 때에는 반드시 공손함을 다해야 하며, 감히 이름을 함부로 불러서는 안 된다.

事長必極其恭, 不敢斥呼姓名.

● 친구를 사귈 때에는 반드시 진실하고 신실해야 한다. 친구의 착함을 보면 마음속으로 기뻐하고 그것을 칭찬해주어야

하며, 친구의 나쁜 점을 보면 마음속으로 걱정하고 그것을 고치도록 충고해주어야 한다. 반드시 자기보다 나은 친구에게 나아가 인도해주기를 청할 것이며, 자신의 단점을 지적받으면 반드시 고쳐야 한다. 벗들과 토론하고 논변할 때에는 반드시 실제 생활에서의 사람의 도리 및 평소의 마음가짐과 몸가짐에 대해서부터 시작할 일이며, 천지의 바깥과 성명性命의 깊은 이치에 대해서는 절대 망령된 생각과 억측을 해서 공허하고 고원한 데로 치달리지 않도록 해야 한다. 강론할 때에는 반드시 마음을 비우고 기운을 화평하게 가져야 하며, 선입견을 주장해서는 안 된다. 또한 비록 어리고 미천한 자의 자질구레한 말이라도 반드시 경청해야 하며, 좋은 생각은 받아들여야 한다.

朋友交際, 必誠必信, 見其善, 則中心喜之, 從而揚之, 見其惡, 則中心憂之, 從而規之. 必就其勝己者而處焉. 誘之使言, 聞過必改. 討論問辨, 必先其人倫日用之務, 身心動靜之間, 若天地之外, 性命之蘊, 切勿妄想臆度, 騖於虛遠. 講論之際, 必虛心平氣, 毋主先入, 雖幼賤庸瑣之言, 亦必傾聽而采其善.

비록 어른의 앞이라 할지라도 반드시 질문에 따라 분명히 답변하여 자기 생각을 다 밝히려 힘써야 하며, 절대로 얼버무리거나 구차스럽게 찬동함으로써 어른을 속이려 하든가 적당히 넘어가려 해서는 안 된다.

雖尊長之前, 必索言明辨, 務盡己見, 切勿含糊苟同, 以爲欺罔姑息.

말이 진실되지 못하고 몸가짐을 삼가지 않는 자라면 반드시 소원하게 대해야 하며 친하게 지내서는 안 된다. 모든 사람을 좋게 대하려 함은 실로 나의 큰 병통이다. 그 폐단은 필시 싫어해야 할 자를 모두 좋게 보고 좋아해야 할 자를 모두 나쁘게 보는 데에 이를 터이니, 어찌 두렵지 않겠는가?

若言語無實, 持身不謹者, 必簡以待之, 不可款接. 每人悅之, 實余之大病, 其流必至於惡之者皆善, 而好之者皆惡, 豈非可懼乎?

글을 읽을 때는 반드시 옷깃은 단정하게, 얼굴은 엄숙하게, 마음은 전일하게, 기운은 화평하게 할 것이며, 잡념을 갖지 말고, 선입견을 품지 말아야 한다. 몸을 자주 흔들면 그 뜻이 급하게 되고, 눈동자를 요리조리 굴리면 그 마음이 뜨게 된다. 몸을 곧추세우고 눈동자를 안정시키면 마음도 반드시 공경스럽게 될 것이다.

讀書必整襟肅容, 專心易氣, 毋生雜念, 毋主先入. 搖身數者, 其志促, 轉睛亂者, 其心浮. 竦身定睛, 中心必式.

글을 읽을 때에는 먼저 그 대의를 보아야 하며 자세한 내용은 그 다음에 미루어 생각해야 한다. 또한 반드시 실천을 염두에 두어야지 글귀에 얽매여서는 안 된다. 한 구절을 보더라도 그 뜻을 알려고 해야 하며, 한 구절을 알더라도 꼭 실천하려 해야 한다. 하나를 알고 하나를 실천하면 눈과 발이 함께 나아가게 될 것이다.

先觀其大義, 而後推其曲, 必措諸事爲, 而毋繳繞於章句. 才見一句, 便要知之, 才知一句, 便要行之, 一知一行, 足目兩進.

고요히 앉는 것은 공부를 진전시키는 데에 가장 큰 힘이 된다.

靜坐, 最有力於進學.

몸을 수양하는 데 있어 꿇어앉는 것이 지엽적인 일이라고는 하나, 다리를 쭉 뻗고 앉으면 마음이 게을러지게 된다. 그러니 마음을 바르게 하고자 하는 사람은 반드시 꿇어앉는 데서부터 시작해야 할 것이다. 만일 기운이 피곤하다면 모름지기 가부좌를 하고 앉을 것이며, 이때에도 또한 옷을 여미고 무릎을 단정히 해야지 나태하게 드러누워 몸가짐을 잃어서는 안 된다.

跪坐, 雖是修身之末節, 未有箕踞而心不慢者, 則欲正心者, 必自跪坐始. 如氣憊, 則須交股盤坐, 亦當斂衣端膝, 不得慢弛偃臥, 以失容儀.

천지가 큰 부모니, 사해四海는 한 형제다.

天地大父母, 四海同弟昆.

학문은 진실한 마음에 있고, 실천은 실사實事에 있으니, 진실한 마음으로 실사를 행한다면 과오를 줄이고 일을 성취할 수 있다.

問學在實心, 施爲在實事, 以實心做實事, 過可寡而業可成.

옛것을 말하기는 어렵지 않지만 지금의 일에 통달하기는 어렵다. 공허한 말은 귀중하지 않으며, 현실에 적용할 수 있는 말이 귀중하다.

語古非難, 而通於今之爲難. 空言非貴, 而適於用之爲貴.

아아, 슬프다! 도道가 없어진 지 이미 오래구나. 공자가 죽은 후 여러 학자들이 도를 어지럽혔고, 주자의 가르침을 후세의 여러 유학자들이 혼란시켰다. 그 학문을 높인다면서 그 진리는 잊고, 그 말을 익힌다면서 그 본의는 잃어버렸다. 올바른 학문을 옹호한다는 건 사실 뽐내려는 마음에서 연유하고, 그릇된 사상을 배척한다는 건 사실 남에게 이기려는 마음에서 연유하며, 인仁으로 세상을 구제한다는 건 사실 권세를 탐하는 마음에서 연유하고, 명철하게 자기 몸을 보전한다는 건 사실 이익을 노리는 마음에서 연유한다. 이 네가지 마음이 만연하게 되자 진리와 본의는 날로 사라지고 천하는 온통 헛된 학문으로 치닫는다.

嗚呼, 哀哉! 道術之亡, 久矣. 孔子之喪, 諸子亂之, 朱門之末, 諸儒汨之. 崇其業而忘其眞, 習其言而失其意. 正學之扶, 實由矜心, 邪說之斥, 實由勝心, 救世之仁, 實由權心, 保身之哲, 實由利心. 四心相仍, 眞意日亡. 天下滔滔, 日趍於虛.

대도大道를 해치는 것으론 뽐내는 마음보다 더 심한 것이 없다. 인간이 그 자신만을 귀하게 여기고 물物을 천하게 여기는 것은 뽐내는 마음의 근본이다.

夫大道之害, 莫甚於矜心. 人之所以貴人而賤物, 矜心之本也.

군자는 도를 논하다가 이치가 궁해지면 상대방의 견해를 받아들이고, 소인은 도를 논하다 말이 궁해지면 둘러댄다.

君子論道, 理屈則服, 小人論道, 辭屈則遁.

앎을 먼저 구하고 그 다음에 실천하는 것, 이는 고금의 공통된 이치이다. 그렇기는 하나 반을 알았으면 반드시 그 반을 실천해야 할 것이다. 반을 실천한 뒤에라야 비로소 완전한 앎을 말할 수 있으며, 실천 또한 완전한 것이 될 수 있다. 아아, 반의 실천을 우선하지 않고 완전한 앎을 구하고자 하는 사람은 망상과 억측을 일삼게 되어 구하면 구할수록 앎은 더욱 멀어지게 된다.

先知而後行, 此古今之通義也. 雖然知得半分, 必繼以行得半分, 行得半分然後, 方可以語知之全分, 而行亦全分矣. 嗟呼! 不先之以半分之行, 而欲求全分之眞知者, 吾知其妄想臆料, 愈求而愈遠矣.

무릇 처음 공부하는 자는 의심할 줄 모르니, 이는 누구에게서나 발견되는 병통이다. 그러나 그 병통의 근원을 캐보면, 들뜬 생각에 사로잡혀 글에다 뜻을 집중하지 못하기 때문이다. 그러므로 들뜬 생각을 없애지 않은 채 억지로 의심하려고 하면 그 의심은 어리석은 것이거나 꽉 막힌 것이거나 천박하거나 경솔한 것으로 되어 참된 의심이 되지 못한다. 이런 까닭에 의심하고자 한다면 먼저 들뜬 생각부터 없애야 한다.

凡初學不能會疑, 人之通患. 然原其病根, 馳逐浮念, 志不專於書也. 故不去浮念, 强欲會疑, 迂滯淺率, 眞疑不會. 是故欲會疑, 先去浮念.

● 들뜬 생각은 하루아침에 없애버릴 수 없다. 부지런히 노력함을 귀히 여겨 늘 마음을 맑게 다스릴 것이며, 혹 마음과 기운이 화평하지 못하여 들뜬 생각이 실타래처럼 얽혀 제거되지 않을 경우 즉시 고요히 앉아 눈을 감고 마음을 단전丹田에 모으면 마음이 제자리에 돌아가고 들뜬 생각이 사라질 것이다. 이 방법을 잘 활용하면 몇달 사이에 공부가 점차 무르익고 효험이 차차 나타나 글과 식견이 날로 향상될 뿐 아니라, 마음이 편안하고 기운이 화평해져 일을 하는 것도 집중해서 정밀하게 할 수 있으니, 심오한 학문에 이르는 길도 이 속에 있다.

凡浮念, 不可一朝淨盡, 惟貴勿忘, 須加澄治. 或值心氣不平, 纏縛不去, 卽默坐闔眼, 注心臍腹, 神明歸舍, 浮氣退聽. 果能此道, 時月之間, 用功漸熟, 責效漸長, 不惟文識日進, 心安氣和, 作事專精, 上達之學, 亦不外是.

천지만물의 이치는 무궁한 것이니, 절대로 망령되이 자만해서는 안 된다. 글을 거칠게 읽은 자에게는 정녕 의문이 없다. 이는 기실 의문이 없는 게 아니라 깊이 궁구하지 않은 탓이다. 의문이 없는 데서 의문이 생기고 맛이 없는 데서 맛이 생겨나야 비로소 제대로 글을 읽었다 할 수 있다.

義理無窮, 切不可妄自滿足. 凡文字粗通者, 必無疑, 非無疑也, 究索之不到也. 疑生於無疑, 味生於無味, 然後可謂能讀書矣.

글을 읽을 때 결코 의문만 일으키려고 해서는 안 된다. 다만 마음을 평온하게 갖고 뜻을 오롯이 하여 글을 읽어가도록 한다. 그리하여 의문이 생기지 않음을 걱정하지 말고, 의문이 생기거든 되풀이하여 궁구하도록 한다. 이 경우 글에만 의거하지 말고 혹 일을 통해서 깨닫기도 하고 혹 노니는 중에 생각해보기도 하는 등, 무릇 다닐 때나 걸을 때나 앉을 때나 누울 때나 수시로 궁구할 일이다. 이렇게 하기를 그치지 않으면 통하지 못할 것이 별로 없다. 또 설사 통하지 못한 것이 있다 할지라도 이처럼 스스로 먼저 궁구한 후에 남에게 묻는다면 말을 듣자마자 깨달을 수 있다.

凡讀書, 切不可徑要會疑, 只平心專志, 讀來讀去, 不患無疑, 有疑則反覆參究, 不必專靠文字, 或驗之應事之際, 或求之游泳之中, 凡行步坐臥, 隨時究索, 如是不已, 鮮有不通. 設有不通, 先此究索, 而後問於人, 乃可以言下領悟.

독서를 할 때 허세나 부리고 글을 정밀하게 보지 않는다든가, 억지로 어떤 구절을 뽑아내어 생각없이 입에서 나오는 대로 의문을 제기한다든가, 대답하는 말이 채 끝나지도 않았는데 관심을 딴 데로 돌린다든가, 한번 묻고 한번 대답하는 것으로 그치고 다시 생각을 하지 않는다면, 이는 더 알려고 하는 데에 뜻이 없는 자이니, 더불어 학문을 할 수 없다.

凡讀書, 虛張聲氣, 錯亂音讀, 强拈字句, 信口發難, 答語未了, 掉過不顧, 一問一答, 不復致思, 此無意於求益也, 不足與爲學也.

나는 일찍이 "내 마음으로 남의 뜻을 헤아려 본다."라고 한 맹자의 말을 글 읽는 비결로 삼았다. 옛사람이 쓴 글은, 비단 대의나 공리적功利的인 면에 있어서만이 아니라 서두, 결말, 전체적 구성과 같은 말단적인 기법에 있어서조차 작자의 뜻을 담고 있다. 그러므로 내 마음으로 옛사람의 뜻을 헤아려, 서로 융합하여 간격이 없고 형해形骸를 벗어나 주객主客이 합치되면 이는 옛사람의 정신과 식견이 내 마음에 사무쳐 이어지는 것이다. 이는 비유컨대 굿을 할 때 신神이 내리면 무당은 자기가 모르던 것을 환하게 알게 되지만 그것이 어디서 유래하는지 모르는 것과 같다. 능히 이와 같이 함으로써, 과거의 해석을 그대로 따르거나 진부한 견해를 답습하지 아니하고, 온갖 변화에 자유자재로 응하면서 마음으로 깨달은 것을 행해간다면, 나 역시 옛사람처럼 되는 것이다. 이렇게 글을 읽은 뒤에라야 비로소 오묘한 이치를 얻을 수 있을 것이다.

余嘗以孟子以意逆志四字, 爲讀書符訣. 古人作書, 不惟義理事功, 雖篇法起結, 文辭之末技, 莫不各有其志, 今以吾之意, 逆古人之志, 融合無間, 相說以解, 是古人之精神見識, 透接我心, 譬如乩神降附, 靈巫分外超悟, 不知自何而來. 能如是, 不待依樣章句, 蹈襲陳跡, 而酬酌萬變, 左右逢原, 我亦古人而已矣. 如是讀書然後, 可以奪天巧.

지금 사람들은 종일 글을 외우고 읽어 글에서 눈이 떨어지지 않으며, 이로써 스스로 만족해한다. 그러나 생각이 들떠 있어 입으로만 읽고 마음으로 읽지 않으니, 작자의 본뜻과 비교해볼 때 비단 열겹의 간격이 있는 것만이 아니다. 그러므로 어찌 도에서 더욱 멀어지지 않겠는가. 이는 천하의 재주 있는 사람들을 망치는 일이다.

今終日誦讀, 目不離行墨, 自以爲如是足矣. 然意慮飛越, 口到而心不到, 視作者本志, 不啻隔十重鐵關, 豈不益遠於道乎? 此大卜之棄才也.

● 학자는 우쭐하여 자기를 높인다. 문학가는 글은 화려하지만 진실성이 적다. 부귀한 집안의 자제들은 교만 방탕한 데 젖어 있고, 한미한 집안의 사람은 굽신거리며 순종하는 게 몸에 배어 있다. 마음이 순수한 자는 식견이 어둡고, 재주가 높은 자는 그 행실이 보잘것없다.

學人矜高而自亢, 墨客藻麗而小實, 貴冑狃於驕逸, 寒門習於卑順. 純其心者, 瞢其識, 富其材者, 廥其行.

● 객기를 부려 이기기 좋아함은 학문하는 사람의 고질적 병폐다.

客氣好勝, 猶是講學窠臼.

● 이단의 학문이 비록 여러가지가 있으나, 마음을 맑게 하고 세상을 구하여 자기 몸을 닦고 남을 다스리는 데에 귀결된다는 점에서는 다 같다. 그러니 나는 나대로 내가 좋아하는 것을 따르고, 남은 남대로 자기가 좋아하는 것을 따른다 한들 무슨 상관이 있겠는가. 똑같게 되기 어려운 것이 물物이고, 그중에서도 마음이 제일 심하다. 사람은 저마다 숭상하는 학문이 있거늘 어찌 이를 통일할 수 있겠는가. 그러므로 저마다 자기가 숭상하는 학문에 종사하여 그 장점에 힘써서 사욕을 없애고 풍속을 착하게 만든다면, 대동大同[4]을 이룩하는 데 무슨 상관이 있겠는가?

異學雖多端, 其澄心救世, 要歸於修己治人, 則一也. 在我則從吾所好, 在彼則與其爲善, 顧何傷乎? 難齊者物, 而心爲甚, 人各有好尙, 孰能一之? 然則, 各修其善, 各效其能, 要以祛私而善俗, 則何害於大同乎?

● 억지로 해석하여 견강부회하는 것보다는 의문을 그대로 전하여 미상으로 놓아두는 것이 낫지 않겠는가.

---

4 대동(大同): 평화롭고 태평한 세상을 뜻하는 말.

與其强解而附會, 曷若傳疑而歸之未詳乎?

글뜻에 대한 견해 차이 같은 것이야 종신토록 서로 합치되지 않는다 한들 무슨 상관이 있겠는가. 말마다 합치되기를 구하고 일마다 같기를 구하는 것은 벗을 사귀는 도리에 있어서 큰 병통으로서 우정을 끝까지 유지하지 못하게 한다.

至於文義之出入, 雖終身不合, 亦何傷乎? 言言而求其合, 事事而求其同, 友道之大病, 而交道之不能保其終也.

박지원

선비가 독서를 하면
그 은택이 천하에 미친다

박지원

연암燕巖 박지원朴趾源은 조선 정조 때의 문인으로 생몰연대는 1737~1805년이다. 박제가와 함께 북학을 주창함으로써 청나라의 선진문명을 배워 낙후한 조선의 현실을 개혁하고자 하였다.

그는 학문이란 모름지기 이용후생利用厚生, 즉 백성의 생활도구를 편리하게 하여 그 삶을 윤택하게 하는 데 목적이 있다고 생각하였다. 선비의 직분은 바로 이 이용후생의 학문을 수행하여 백성들에게 이바지하는 것이라고 보았다. 이는 선비의 직분에 대한 양심적 각성에 다름아니다.

그는 또한 글쓰기의 방식을 혁신함으로써 선입견과 편견, 진부한 언어와 상투적 사고를 넘어서서 있는 그대로의 현실, 사물의 있는 그대로의 모습을 직시하고자 하였다. 이 점에서 그는 그 누구보다도 언어에 대한 깊은 성찰을 보여준다. 요컨대 언어를 쇄신함으로써 언어와 사물 사이의 거리를 좁혀야 한다는 것이 그가 도달한 생각의 골자다. 그는 사물 그 자체야말로 가장 참신한 언어라고 생각하였다. 그러므로 언어는 끊임없이 사물에 수렴해가고, 사물을 통해 자신을 쇄신하지 않으면 안 된다고 보았다. 이러한 언어의식은 그의 현실주의적 사고와 깊은 연관을 맺고 있다.

그는 또한 글쓰기의 핵심적 원리로서 '법고창신法古創新', 즉 옛것을 배워 새것을 창조한다는 명제를 제기하였다. 이 명제는 학문에도 그대로 적용된다.

그의 글들에는 알듯 말듯한 비유가 많아 얼른 이해하기 어려운 구석이 없지 않지만, 눈이 아니라 마음으로 읽어나간다면 어느 순간 그 의미가 이해되리라 본다.

여기에 실린 글은 『연암집燕巖集』에서 뽑았다.

● 옛것을 본받으려는 자는 옛날의 자취에 구애되는 병폐가 있고, 새것을 만들어내는 자는 법도가 없는 것이 폐단이다. 진실로 옛것을 본받되 변통할 줄 알고 새것을 만들어내되 법도가 있다면, 오늘날의 글이 옛날의 글과 같을 수 있으리라.

法古者病泥跡, 刱新者患不經. 苟能法古而知變, 刱新而能典, 今之文, 猶古之文也.

공명선公明宣이 증자에게 공부하러 가서 3년이 되어도 글을 읽지 않는 것이었다. 증자가 이상하게 여겨 그 까닭을 묻자 공명선은 이렇게 대답했다.

"저는 선생님께서 뜰에 계시는 것도 보고 선생님께서 손님을 접대하시는 것도 보며 선생님께서 조정에 계시는 것도 보면서 배워가고 있지만 아직 그 어느 것도 잘 배우지 못했습니다. 제가 어찌 감히 아무것도 배우지 않으면서 선생님 문하에 있겠습니까?"

公明宣學於曾子, 三年不讀書, 曾子問之, 對曰: "宣見夫子之居庭, 見夫子之應賓客, 見夫子之居朝廷也. 學而未能, 宣安敢不學而處夫子之門乎?"

하늘과 땅이 아무리 오래되었다 하지만 끊임없이 새로운 법이며, 해와 달이 아무리 오래되었다 하지만 그 빛은 날로 새롭다. 그리고 세상의 책이 비록 많다고 하나 그 내용은 저마다 다르다.

天地雖久, 不斷生生, 日月雖久, 光輝日新, 載籍雖博, 旨意各殊.

이치를 깨달은 선비에게는 괴이하게 여겨지는 게 없지만, 속인에게는 의심스러운 것이 많다. 이른바 "본 것이 적으면 괴이하게 여겨지는 것이 많다."라는 말은 이를 두고 한 말이다.

본 것이 적은 자는, 자기가 백로만 보았을 경우 자기가 처음 보는 까마귀를 비웃으며, 자기가 오리만 보았을 경우 자기가 처음 보는 학의 자태를 위태롭게 여긴다. 사물 스스로는 아무런 괴이함이 없건만 자기 혼자 화를 내며, 하나라도 자기가 본 것과 다른 사물이 있으면 만물을 다 부정한다.

達士無所怪, 俗人多所疑. 所謂少所見, 多所怪也.

所見少者, 以鷺嗤烏, 以鳧危鶴, 物自無怪, 己洒生嗔, 一事不同, 都誣萬物.

학문하는 방법은 다른 게 없다. 모르는 게 있으면 길 가는 사람을 붙들고라도 물어야 옳다. 하인이라 할지라도 나보다 한 글자를 더 안다면 그에게 배워야 한다. 자기가 남보다 못한 것은 부끄러워하면서도 자기보다 나은 사람에게 묻지 않는다면, 평생 고루하고 무식한 데서 벗어나지 못할 것이다.

學問之道, 無他. 有不識, 執塗之人而問之, 可也. 僮僕多識我一字, 姑學汝, 恥己之不若人, 而不問勝己, 則是終身自錮於固陋無術之地也.

수박을 겉만 핥거나 후추를 통째로 삼키는 자와는 맛에 대해 논할 수 없으며, 이웃집 사람의 겨울 가죽옷을 선망하여 한여름에 빌려 입고 다니는 자와는 시절에 대해 논할 수 없다.

外舐水匏, 全呑胡椒者, 不可與語味也, 羡鄰人之貂裘, 借衣於盛夏者, 不可與語時也.

비록 조그만 기예라 할지라도 자기 자신을 잊은 후에라야 경지에 이를 수 있거늘, 큰 도道야 말해 무엇하겠는가.

최흥효崔興孝[1]는 온 나라에서 알아주는 명필이었다. 그가 과거를 보러 갔을 적 이야기다. 답안을 작성하던 중 마침 한 글자가 왕희지[2]의 필체와 같게 되자 그는 하루 종일 그 글자를 들여다보고 앉았다가 차마 답안지를 바치지 못해 품에 품고 돌아왔다. 최흥효는 가히 이익과 손해 따위는 마음에 두지 않았다 할 만하다.

---

1 최흥효(崔興孝): 태종·세종 때의 문신. 예서와 초서에 능하였음.

2 왕희지: 중국 동진(東晋)의 저명한 서예가.

이징李澄[3]이 어렸을 때 누대에 올라 그림 공부를 하고 있었는데 집에서는 그를 찾아 야단이었다. 3일 만에 찾게 되자 그 부친은 화가 나서 회초리로 때렸는데 이징은 울면서 떨어지는 눈물로 새를 그리고 있었다. 이징은 참으로 그림 그리는 데에 있어 영욕을 잊었다 할 만하다.

학산수鶴山守[4]는 일국의 명창이었다. 산속에 들어가 노래를 공부할 적에 한 곡조를 부르면 신발에다 모래 한알씩을 던져 넣어 신발에 모래가 꽉 차야 집으로 돌아오곤 하였다. 한번은 산에서 도적을 만났다. 도적들이 그를 죽이려 하자 불어오는 바람을 향해 노래를 불렀는데 도적들은 그 노래에 마음이 움직여 울지 않는 자가 없었다. 학산수는 이른바 생사를 마음에 두지 않았던 사람이라 할 만하다.

雖小技, 有所忘然後能成, 而況大道乎? 崔興孝, 通國之善書者也. 嘗赴擧, 書卷得一字類王羲之, 坐視終日, 忍不能捨, 懷卷而歸, 是可謂得失不存於心耳. 李澄幼登樓而習畵, 家失其所在, 三日乃得, 父怒而笞之, 泣引淚而成鳥, 此可謂忘榮辱於畵者也. 鶴山守, 通國之善歌者也. 入山肄, 每一闋, 拾沙投屐, 滿屐乃歸. 嘗退盜, 將殺之, 倚風而歌, 群盜莫不感激泣下者, 此所謂死生不入於心.

3 이징(李澄): 인조(仁祖) 때의 화가.

4 학산수(鶴山守): 조선시대의 종실이겠는데, 어느 때 사람인지는 미상.

대저 천지간에 흩어져 있는 것은 모두 글의 정기精氣이다.

夫散在天地之間者, 皆此書之精.

마을 아이들에게 『천자문』을 가르쳤는데 아이들이 읽기 싫어하였다. 그래서 야단을 쳤더니 이렇게 말하는 것이었다.

"하늘을 보면 새파란데 하늘 '천' 자에는 아무리 봐도 푸른 빛이 없잖아요? 그래서 읽기 싫어요."

아이들의 이 총명함은 문자를 만든 창힐蒼頡[5]을 기죽인다.

里中孺子, 爲授天字文, 呵其厭讀, 曰: "視天蒼蒼, 天字不碧, 是以厭耳." 此兒聰明, 餒煞蒼頡.

자신의 본분으로 돌아가야 하는 것이 어찌 비단 문장뿐이겠는가? 온갖 일들이 모두 다 그렇다. 화담 선생[6]이 밖에 나갔다가, 길을 잃어 울고 있는 젊은이를 만나 물었다.

"너 왜 우느냐?"

젊은이가 대답했다.

"제가 다섯살 때 눈이 멀어 앞을 못 본 지 20년째입니다. 그

5 창힐(蒼頡): 중국 상고시대의 인물로, 한자를 처음 만들었다고 전해진다.
6 화담 선생: 화담(花潭)은 서경덕의 호.

런데 오늘 아침에 집을 나왔다가 홀연 눈이 떠져 천지만물을 환하게 볼 수 있게 되었습니다. 기뻐하며 집으로 돌아가려 하니 길은 여러 갈래이고 집들도 비슷비슷해 어느 게 제집인지 알 수 없습니다. 그래서 이렇게 울고 있습니다."

선생이 말했다.

"내가 너에게 집 찾는 법을 가르쳐주마. 네 눈을 도로 감으면 곧 네 집을 찾을 수 있을 것이다."

그래서 그 젊은이는 눈을 감고 지팡이를 두드려 발이 가는 대로 걸어 제집에 이를 수 있었다. 젊은이가 집을 찾지 못한 것은 다른 이유 때문이 아니다. 빛과 형체가 뒤바뀌자 기쁨과 슬픔이 작용했기 때문이니, 이것이 곧 망상인 것이다. 지팡이를 두드려 발이 가는 대로 걷는 것, 이것이야말로 우리들이 분수를 지키는 요체이며, 집을 찾아가는 비결이다.

還他本分, 豈惟文章? 一切種種, 萬事摠然. 花潭出遇失家而泣於塗者, 曰: "爾奚泣?" 對曰: "我五歲而瞽, 今二十年矣. 朝日出往, 忽見天地萬物淸明, 喜而欲歸, 阡陌多岐, 門戶相同, 不辨我家, 是以泣耳." 先生曰: "我誨若歸. 還閉汝眼, 卽便爾家." 於是閉眼扣相, 信步卽到. 此無他. 色相顚倒, 悲喜爲用, 是爲妄想. 扣相信步, 乃爲吾輩守分之詮諦, 歸家之證印.

홍대용은, "구차하게 같고자 함은 아첨이요, 억지로 다르고자 함은 남을 해치는 일이다."라고 말했다.

德保曰: "苟同者諂也, 强異者賊也."

성인의 글을 읽으면서 그 고심苦心을 아는 사람은 드물다.

夫讀聖人之書, 能得其苦心者, 鮮矣.

나는, 집이 가난하나 책 읽기를 좋아한다는 말은 들었지만, 집이 부유하면서 책 읽기를 좋아한다는 말은 들어보지 못했다.

吾聞家貧好讀書, 未聞家富而好讀書者.

책을 대하여 하품을 해서는 안 되며, 책을 대하여 기지개를 켜서는 안 되며, 책을 대하여 침을 뱉어서는 안 된다. 만일 재채기가 나오면 고개를 돌려 책을 피해야 한다. 종이를 넘길 때 침을 발라서는 안 되며, 책에 손톱으로 표시를 해서도 안 된다.

對書勿欠, 對書勿伸, 對書勿唾, 若有嚔咳, 回首避書, 翻紙勿以涎, 標旨勿以爪.

● 책을 베고 누워서는 안 되며, 책으로 그릇을 덮어서는 안 되며, 책을 흐트러뜨려 놓아서는 안 된다. 책의 먼지는 털어내고, 좀벌레는 없애야 하며, 화창한 날엔 이따금 책을 밖에 내다 말려야 한다. 남에게서 빌린 책에 잘못된 글자가 있으면 쪽지를 끼워넣어 교정한 글을 적어줄 것이며, 찢어진 종이가 있으면 붙여주어야 하며, 책을 묶는 실이 끊어졌으면 수선해서 돌려줄 일이다.

毋枕書, 毋以書覆器, 毋亂帙, 拂塵驅蟫, 遇晴卽晒, 借人書籍字誤, 攷校籤之, 紙有破裂, 補綴, 編絲斷落, 紉而還之.

● 새벽 닭이 울면 잠자리에서 일어나 눈을 감고 앉아, 어제 읽은 글을 생각하며 가만히 그 이치를 다시 궁구해본다.

鷄鳴而起, 闔眼跪坐, 溫其宿誦, 潛復繹之.

● 글을 읽고 있는 중에는 긴한 말이 아니면 함부로 응대하지 말 것이며, 바쁜 일이 아니면 자리에서 일어나선 안 된다. 하지만 부모가 부르면 책을 덮고 즉시 일어나야 한다. 그리고 손님이 오면 읽던 것을 중단하고 손님을 존중하는 뜻에서 책

을 덮어야 한다. 또한 밥이 나오면 책을 덮어야 한다. 식사를 마치면 바로 일어나 산보하고, 시간이 많이 지나면 다시 글을 읽도록 한다.

不有緊語, 無開應, 不有忙事, 無輒起, 父母召, 掩卷卽起, 客至撤讀, 尊客掩卷, 食至掩卷. 食已, 卽起緩步, 食遠復讀.

● 천하 사람들이 모두 앉아서 독서한다면 천하는 평화로워질 것이다.

使天下之人, 安坐而讀書, 天下無事矣.

● 선비의 학문은 농업·공업·상업의 이치를 다 포괄하며, 농업·공업·상업은 반드시 선비를 기다린 후라야 이루어진다.

士之學, 實兼包農工賈之理, 而三者之業, 必皆待士而後成.

● 선비가 독서를 하면 그 은택이 천하에 미치고 그 공덕이 만세萬世에까지 전해진다.

一士讀書, 澤及四海, 功垂萬世.

정약용

학문은 천하의 공변된 것이다

정약용

다산茶山 정약용丁若鏞은 조선 정조·순조 때의 실학자로 생몰연대는 1762~1836년이다. 성호星湖의 학풍을 계승하고 북학파의 사상을 수용하여 조선후기 실학을 집대성하였다. 그의 학문 세계는 넓고 깊은데다 정밀하기까지 하다.

그의 학문은 18년간의 강진 유배 시절에 이룩되었다. 이 시기에 그는 정치·경제·사회제도 등 국가경영과 관련된 일체의 문제에 관해 학문적 검토를 가하였다. 또한 이런 현실적 문제를 해결하는 데 필요한 사상적 근거를 마련하기 위해 유교 경전을 전면적으로 재검토하였다. 그가 이룩한 방대한 학문적 성과는 오늘날 '다산학茶山學'이라는 독립된 하나의 학문분야를 탄생시켰다.

책을 많이 쓴 학자 가운데에는 종종 글과 생각이 성글거나

무잡蕪雜한 경우를 보게 되는데, 다산은 근 500권에 달하는 엄청난 저술을 남겼음에도 허투루 쓴 글이 없다. 어느 책이든 깊이 생각하고 정밀히 연구한 결과로서, 이로정연理路整然하고 명명백백하다. 이는 그의 두뇌가 명석했기 때문만은 아니다. 공부하는 법과 자세가 엄정했던 때문이었다.

그는 일찍부터 커다란 학문적 포부를 지녔던바, "나는 스무 살 때 우주 사이의 모든 일을 가져다가 일제히 고찰하여 일제히 정돈하고 싶었다."라는 고백이 그 점을 말해준다. 그는 모르는 게 있으면 "밥 먹는 것을 잊기도 하고 잠자는 것을 잊기도 할" 만큼 지독하게 공부했고 골똘히 사색했다. 큰 학문은 거저 이루어지는 게 아니요, 목숨을 걸고 하는 것임을 일깨워 주는 대목이다.

다산이 그토록 비장하게 학문에 몰두한 것은 우국애민憂國愛民, 즉 나라를 걱정하고 백성을 사랑하는 마음에서였다. 그리고 그 마음 끝자락에는 자신의 존재감을 확인하고자 하는 안타까움도 없지 않았을 터이다.

여기에 실린 글은 『여유당전서與猶堂全書』에서 뽑았다.

● 생각은 담박해야 하나니, 담박하지 않음이 있다면 얼른 생각을 맑게 할 일이다. 낯빛은 엄숙해야 하나니, 엄숙하지 않

음이 있다면 얼른 낯빛을 단정히 할 일이다. 입은 과묵해야 하나니, 과묵하지 않음이 있다면 얼른 말을 그칠 일이다. 행실은 진중해야 하나니, 진중하지 않음이 있다면 얼른 행실을 의젓하게 할 일이다.

思宜澹, 其有不澹, 尙亟澄之. 貌宜莊, 其有不莊, 尙亟凝之. 言宜訒, 其有不訒, 尙亟止之. 動宜重, 其有不重, 尙亟遲之.

학문은 천하의 공변된[1] 것이다. 참으로 그 말이 도에 어긋난다면 비록 대인 군자에게서 나온 말이라 할지라도 믿지 못하겠거늘, 하물며 대인 군자보다 못한 사람임에랴. 참으로 그 말이 이치에 맞다면 비록 미천한 사람이나 용렬한 사람에게서 나온 말이라 할지라도 의당 드러내주어야 하겠거늘, 하물며 그보다 더 나은 사람임에랴.

學問者, 天下之公物也. 苟其言之倍道, 雖出於大人君子者, 尙不敢尊信, 況下於是者哉? 苟其言之中理, 雖出於鄙夫庸人者, 尙當表章之, 況進於是者哉?

1 공변된: '공정한' 혹은 '공평한'이라는 뜻.

책을 읽는 데는 대개 방법이 있다. 세상에 도움이 되지 않는 책은 구름 가듯 물 흐르듯 읽어도 되지만, 만일 백성이나 나라에 도움이 되는 책이라면 반드시 문단마다 이해하고 구절마다 탐구해가면서 읽어야 하며, 한낮의 졸음이나 쫓는다는 태도로 읽어서는 안 된다.

讀書總皆有法. 凡無益於世之書讀之, 可如行雲流水, 若其書有裨於民國者讀之, 須段段理會, 節節尋究, 不可作午牕禦眠楯而已.

오직 독서 이 한가지 일이, 위로는 옛 성현을 좇아 함께할 수 있게 하고 아래로는 백성을 길이 깨우칠 수 있게 하며, 신명神明에 통달하게 하고 임금의 정사政事를 도울 수 있게 할 뿐 아니라, 인간으로 하여금 짐승과 벌레의 부류를 벗어나 저 광대한 우주를 지탱하게 만드니, 독서야말로 우리들의 본분이라 하겠다.

唯有讀書一事, 上足以追配聖賢, 下足以永詔烝黎, 幽達鬼神之情狀, 明贊王覇之謨猷, 超越禽蟲之類, 撐柱宇宙之大, 此方是吾人本分.

대체로 책을 저술하는 법은 유교의 경전에 대한 연구를 으뜸으로 삼아야 하며, 그다음으로는 세상을 다스리고 백성의

삶을 윤택하게 하는 연구여야 하고, 외적의 침입을 막는 성 쌓는 제도 같은 데 대한 연구도 소홀히 해서는 안 된다. 한때의 웃음이나 자아낼 뿐인 자질구레하고 하찮은 이야기, 진부하고 구태의연한 주장, 지리하고 쓸데없는 논의와 같은 것들은 한갓 먹과 종이만을 허비할 따름이니, 손수 좋은 과실나무를 심고 채소를 가꾸어 생계나 넉넉하게 하는 것만 못하다.

大較著書之法經籍爲宗, 其次經世澤民之學, 若關防器用之制, 有可以禦外侮者, 亦不可少也. 若夫瑣細零星之說, 苟取一時之詼笑, 與夫陳腐不新之談, 支離無用之論, 徒費緣墨, 不如手植珍果佳蔬, 以博生前之生理也.

육상산陸象山[2]은 "우주 사이의 일은 곧 나의 일이요, 나의 일은 곧 우주 사이의 일이다."라고 했는데, 대장부라면 날마다 이런 생각을 해야 한다.

陸子靜曰: "宇宙間事, 是己分內事. 己分內事, 是宇宙間事." 大丈夫不可一日無此商量.

---

2 육상산(陸象山): 주자와 동시대의 송나라 학자. 이름은 구연(九淵), 상산은 그 호.

사나이의 가슴속에는 늘 가을 매가 하늘로 치솟아오르는 기상이 있어야 하며, 건곤乾坤을 작게 여기고 우주를 자신의 손바닥 안에 있는 것처럼 여겨야 옳다.

男子漢胸中, 常有一副秋隼騰霄之氣, 眼小乾坤, 掌輕宇宙, 斯可已也.

나는 스무살 때 우주 사이의 모든 일을 가져다가 일제히 고찰하여 일제히 정돈하고 싶었는데, 서른살 마흔살이 되어서도 이 뜻이 변치 않았다. 유배온 이래로 백성과 나라에 관계되는 일들, 이를테면 토지제도, 관료제도, 군사제도, 국가재정, 조세제도와 같은 일에는 생각을 줄일 수 있었으나 경전의 주석과 관련해서는 잘못된 것을 바로잡고자 하는 염원이 있었다. 하지만 이제 중풍으로 쓰러지니 그런 마음이 점점 쇠퇴해진다. 그러나 기운이 조금 나아지면 이러저러한 생각들이 불현듯 다시 일어나곤 한다.

余年二十時, 欲盡取宇宙間事, 一齊打發, 一齊整頓, 至三十四十, 此意不衰. 風霜以來, 凡繫民國之事, 若田制官制軍制財賦之等, 遂得省念, 唯經傳箋注之間, 猶有撥難返正之願. 今風痺頽廢, 此心漸落. 然神氣小勝, 諸閑商量, 又勃然復興.

나는 요즘 퇴계 선생의 문집을 얻어 마음을 가라앉혀 공부하고 있는데, 그 정밀하고 가이없는 학문은 참으로 후생後生이 감히 엿보거나 헤아릴 수 있는 바가 아니다. 이상스런 것은, 이 책을 읽으니 정신과 기운이 느긋해지고 생각이 가라앉아 혈육血肉과 근맥筋脈이 모두 안정되고 편안해져 예전의 조급하고 들뜬 기운이 점점 사라진다는 사실이다. 그러니 이 책은 나의 병을 치료하는 약이 아니겠는가.

鏞近得退陶李先生遺集, 潛心紬繹, 其閫奧涯涘, 固非後生末流所敢窺測, 而異哉! 神氣舒泰, 志慮恬降, 覺血肉筋脈, 都安靜帖息, 從前躁暴發越之氣, 漸漸下去. 無乃一部陳編, 是果此人對病之藥耶?

학자가 이치를 연구함에 있어서는 절차탁마가 중요한 것이니, 부화뇌동해서는 안 된다. 설사 의견이 서로 다르더라도 살피고 정정하기에 힘써 마침내 올바른 데로 귀결되게 함이 옳다. 만일 서로 선입견을 고집하여 상대방의 의견을 받아들이려 하지 않을 경우 토론을 그만두고 후세의 군자를 기다릴 따름이지, 무엇 때문에 각자 기치를 내걸고 서로 싸우기에 이르며, 시비를 따져 편을 가르고자 하는가.

學者講磨義理, 貴在磋切, 不要雷同. 設有甲乙之論, 務相詳訂, 卒爛熳同歸于正, 可也. 如或胥執先入之見, 莫肯相入, 亦且置之勿論,徐俟後世之君子而已, 何至各樹旌幟, 互尋戈戟, 至欲分涇渭而據燕越耶?

오로지 『주역』 한책만을 책상 위에 두고 밤낮으로 마음을 가라앉혀 탐구했더니, 계해년1803년 늦봄부터는 눈으로 보는 것, 손으로 만지는 것, 입으로 읊는 것, 마음으로 생각하는 것, 붓으로 베껴 쓰는 것에서부터, 밥상을 대하고 뒷간에 가고 손가락을 퉁기고 배를 문지르는 것에 이르기까지 어느 하나 『주역』이 아닌 적이 없었다. 그리하여 그 이치를 환히 깨달았다.

專取周易一部, 措諸案上, 潛心玩索, 夜以繼晝, 蓋自癸亥暮春, 目之所眡, 手之所操, 脣之所吟, 心志之所思索, 筆墨之所鈔錄, 以至對飯登圊, 彈指捫腹, 無一而非周易, 旣融會貫洽.

사나이는 모름지기 사나운 새나 굳센 도적의 기상이 있어야 하나니, 그 기상을 바로잡아 법도에 맞게 하면 유용한 인재가 된다. 양순하기만 한 자는 고작 자기 한몸만을 선하게 하는 데 그칠 뿐이다.

男子須有鷙猛猾賊之氣象, 撟揉而入於彀率, 乃爲有用之物. 良善者, 只足以善其身而已.

제자가 스스로 고심하여 안 것이 아니면, 스승의 학설이 비록 천지를 깜짝 놀라게 할 만한 만고萬古에 처음 제기된 것이라 할지라도 모두 평범한 것으로 간주하고 거저 이루어진 것이라 여기므로 그 몸에 절실하게 와닿지 않는다. 이는 비유컨대 나면서부터 좋은 음식을 배불리 먹은 귀한 집 자제들이, 비록 꿩이나 곰발바닥으로 요리한 맛있는 음식을 대한다 할지라도 그저그런 음식으로 간주할 뿐, 목이 말라 시냇가로 달려가는 말처럼 허겁지겁 먹으려 달려드는 저 거지나 굶주린 자와는 다른 것과 마찬가지다. 그러므로 다른 학파의 주장을 접하면 그 스승이 전수한 학설을 너무도 쉽게 내팽개쳐버리고 모두 범상한 것으로 간주해버리며, 심한 경우 진부한 견해라고 불만스럽게 여기기도 하니 이 어찌 답답하지 않은가.

大抵不勞而得, 雖驚天動地, 萬古初出之說, 皆看作尋常, 認爲天成, 所以入膚不深, 譬如貴家子弟, 生來飫於膏粱, 雖雉膏熊掌, 看作茶飯, 無乞人餓夫噴噴饕饕, 如渴馬奔川之氣象. 遇他家文字, 棄之太快於其先生之所傳, 皆看作常例, 甚則病之爲陳談, 豈不可悶?

성호星湖[3] 선생의 저작은 근 백권에 가깝다. 스스로 생각해보건대, 우리들이 천지의 웅대함과 일월의 밝음을 알 수 있게 된 것은 모두 이 선생의 힘이었다.

星翁文字, 殆近百卷, 自念吾輩, 能識天地之大, 日月之明, 皆此翁之力.

고금의 학설들을 두루 고찰해보면 도무지 이치에 맞지 않는 것들이 있다. 이 경우 어쩔 수 없이 눈을 감고 앉아 혹 밥 먹는 것을 잊기도 하고 혹 잠자는 것을 잊기도 하는데, 이렇게 하면 반드시 새로운 의미가 환히 떠오른다.

其奈歷考古今之說, 都不合理者有之. 於是, 不得不掩卷瞑目而坐, 或忘食焉, 或忘寢焉, 必有新義理洒然出來.

책을 읽을 때 학문에 보탬이 될 만한 내용이 있으면 발췌하고, 그렇지 않은 내용에는 눈을 주지 말아야 한다. 이렇게 한다면 비록 백권의 책이라 할지라도 열흘의 공부에 지나지 않을 것이다.

凡得一書, 惟吾學問中有補者, 採掇之. 不然者, 並勿留眼, 雖百卷書, 不過旬日之工耳.

---

3 성호(星湖): 이익(李瀷)의 호.

◆ 군자는 새해를 맞이하면 반드시 그 마음과 행동을 한번 새롭게 하여야 한다. 나는 젊은 시절 새해를 맞이할 적마다 반드시 그해에 공부해야 할 것들을 미리 정하였다. 이를테면 무슨 책을 읽고 무슨 글을 발췌하겠다는 계획을 미리 정한 다음에 실행했던 것이다. 간혹 몇달 뒤에 일이 생겨 계획대로 하지 못하는 경우도 있었지만, 선善을 즐기고 앞으로 전진하려는 뜻만큼은 막을 수 없었다.

君子履新, 必其心與行, 亦要一新. 吾少時, 每遇新正, 必預定一年工課, 如讀某書, 鈔某文, 然後從而行之. 或至數月之後, 雖未免爲事故所奪, 然其樂善向前之志, 自亦不能掩者矣.

◆ 방바닥에 드러눕거나 삐딱하게 선 채 큰소리로 떠들고 눈을 이리저리 굴리면서도 마음을 기를 수 있는 사람은 세상에 없다.

世未有偃臥側立, 胡言亂視, 而可以主敬存心者也.

◆ 진실로 마음을 견고하게 세워 한결같이 앞을 향해 나아간다면 태산이라도 옮길 수 있으리라.

苟能立心堅固, 一直向前去, 雖太山可移也.

나는 몇년 전부터 독서에 대해 좀 알게 되었다. 책을 그냥 읽기만 한다면 하루에 천백번을 읽더라도 읽지 않은 것과 매한가지다. 무릇 책을 읽을 때에는 한 글자라도 그 뜻을 분명히 알지 못하는 곳이 있으면 모름지기 널리 고찰하고 자세하게 연구하여 그 글자의 어원語源을 알아야 하며, 그런 다음 그 글자가 사용된 문장을 이 책 저 책에서 뽑는 작업을 날마다 해나가야 한다. 이와 같이 한다면 한 종류의 책을 읽을 때에 아울러 백가지의 책을 두루 보게 되며, 읽고 있는 책의 의미를 환하게 꿰뚫을 수 있다.

吾自數年來, 頗知讀書, 徒讀, 雖日千百遍, 猶無讀也. 凡讀書, 每遇一字有名義不曉處, 須博考細究, 得其原根, 仍須詮次成文, 日以爲常. 如是, 則讀一種書, 兼得旁窺百種書, 仍可於本書義理曉然貫穿.

정자程子와 주자朱子처럼 훌륭하고 지혜로운 분도 자신의 저술에 대해서는 제자나 친구들에게 마음대로 잘못을 지적하게 하여 그에 따라 다듬고 수정하였거늘, 하물며 학문이 변변치 못한 자나 초학자에 있어서랴. 학문이 변변치 못한 자나 초학자는, 어쩌다가 쓴 글이 있을 경우 자신의 주장을 고집하여 절대 바꾸려 하지 않으며, 깨끗이 옮겨써서 보물처럼 간직해 두고서는 사람을 만나면 과시하여 칭찬을 들으려 한다. 혹 잘못을 지적받으면 발끈하여 언짢은 기색을 짓고, 억지로 틀린 점을 변명해댄다. 속으로는 부끄러워하면서도 겉으로는 잘못을 고치는 데 인색하여 얼버무리며 적당히 넘어가는 이런 자들과 천하에 공정한 마음을 지녔던 저 옛날의 훌륭한 학자들을 비교하면 어떠한가.

夫以程朱之賢且智, 而於其所著述, 許使門人知舊, 任摘瑕纇, 隨復磨瑩, 則況在初學末流? 偶有箚記者, 偏執固滯, 不欲移易, 精寫寶藏, 遇人夸示, 要取贊譽, 或遭鍼砭, 艴然不樂, 强言飾非, 內恧外吝, 漫漶苟縫者, 其視古先哲, 公天下之心, 爲何如哉?

세상의 문인文人이나 학자들은 혹 한 글자 한 글귀라도 남에게 지적을 받을 경우 속으로는 자기가 틀렸음을 알면서도 굳이 잘못을 변명하고 억지를 부려 승복하려 들지 않는다. 심지어는 발끈하여 흥분하고 앙심을 품어 마침내는 해코지하고 보복하는 자까지도 있다.

世之文人學者, 或於一字一句, 遭人指摘, 內悟其謬, 而文誤飾非, 不肯降屈, 甚至艴然作色, 悍然中銜, 終或殘害報復者有之.

정자와 주자 같은 선생들은 그 제자의 질문에 답하거나 경전의 뜻을 해석할 적에 종종 "마음을 가라앉혀 깊이 맛보아서 스스로 깨달아야 한다."라고 말했을 뿐, 정작 그 맛이 어떤지에 대해서는 말하지 않았다. 나는 예전에 이 점에 대해 의혹을 품었지만 잘 알 수 없었다. 그런데 요즘 와서 차츰 생각해보니 대개 맛이란 그것을 맛본 사람하고만 말할 수 있고, 맛보지 못한 사람에게는 아무리 말해도 알지 못하는 것이다. 후세 사람들은 안회顔回[4]가 즐거워한 것이 무엇인지 알지 못한다. 안회의 경지에 이르지 못한 사람은 필시 안회가 누린 즐거움을 누릴 수 없으니 어떻게 안회가 느낀 즐거움을 알 수 있겠는가. 이는 비유컨대 꿀을 먹어본 자가 꿀을 먹어보지 못한 자에게 꿀맛에 대해 말하고자 하나 끝내 그것을 형용할 길이 없는 것과 마찬가지다.

程朱諸先生, 其答弟子之問, 或釋經傳之旨, 多稱潛心玩味, 當自得之, 竟不言其味之如何. 曩時滋惑而不能釋. 近漸思之, 蓋味者, 可與嘗是味者言, 乃若未嘗嘗者, 雖言之, 均之爲不知也. 後人不知顔子所樂何事, 人不到顔子地位, 必未享顔子所享之樂, 如何知得? 譬如啖蜜者, 于不曾啖蜜者, 欲言蜜味, 竟形容不得.

4 안회(顔回): 공자의 제자.

나는 평소에 큰 병통이 있다. 생각하는 것이 있으면 반드시 글을 쓰고, 글을 쓰면 반드시 남에게 보여주는 버릇이 그것이다. 바야흐로 어떤 생각이 떠오르면 붓을 잡고 종이를 펴서 잠시도 머뭇거리지 않고 글을 쓴다. 글을 쓴 다음에는 스스로 그 글을 좋아하고 기뻐하여, 조금 글을 아는 사람을 만나면 내 견해가 완전한 것인지 편벽된 것인지의 여부와 그 사람이 친한 사람인지 소원한 사람인지의 여부를 헤아려보지도 않은 채 급히 보여주고자 한다. 그러므로 남과 한바탕 말하고 나면 가슴속과 상자 속에는 아무것도 남지 않는다. 그로 인하여 정신과 기혈氣血이 모두 흩어지고 새어나가버려, 도무지 마음속에 쌓이고 길러지는 뜻이 없다. 이래 갖고서야 어찌 심성을 함양하고 몸과 이름을 보전할 수 있겠는가. 요즘 와서 차츰 점검해보니 이는 모두 '가벼움(輕)'과 '얕음(淺)'이 원인이었다. 이는 덕을 숨기고 몸을 보전하는 공부에 큰 해가 된다. 뿐만 아니라 비록 그 말과 글이 모두 야단스럽고 훌륭한 것이라 할지라도 점점 천하고 비루해져 남들로부터 존경을 받지 못하게 될 것이다.

余平生有大病. 凡有所思想, 不能無述作, 有述作, 不能不示人. 方其意之所到, 援筆展紙, 未或暫留晷刻, 旣而自愛自悅, 卽遇稍解文字之人, 未暇商量吾說之完偏, 與其人之親疎, 急欲傳宣. 故與人語一場, 覺吾肚皮間與箱篋中, 都無一物留守者. 因之精神氣血, 皆若消散發洩, 全無蘊蓄亭毒底意. 如此而安能涵養性靈, 保嗇身名乎? 近漸點檢, 都是輕淺二字, 爲之祟也. 此不但於韜晦壽養之工, 大有害也, 雖其言論文采, 皆狼藉離披, 漸漸賤陋, 不足取重於人也.

대체로 남의 흠을 꼬치꼬치 찾아내어 새로운 견해를 만들어내고자 기를 쓰는 것은 본디 큰 병통이다. 그러나 자신의 지혜와 생각을 버리고 무조건 옛 견해를 추종하는 사람 또한 참된 이치를 깨닫지 못한다. 배우는 자가 이전 학자들의 학설에 진실로 의심스러운 곳이 있을 경우 성급하게 별도의 견해를 낼 것도 아니요, 성급하게 그대로 따를 것도 아니다. 모름지기 자세히 연구하여 말한 사람의 참뜻을 깨치도록 반복해서 살피고 확인해야 할 것이다. 그렇게 해서 혹 의문이 환하게 풀리면 가만히 한번 웃으면 그만이고, 혹 그 잘못이 점점 더 발견되더라도 또한 공평한 마음으로 이해하고 순리로 해석하여, "아무개는 그렇게 보았으므로 그렇게 말했던 것이니, 이제 이렇게 본다면 이렇게 말해야 마땅하다."라고 해야 할 것이다. 어찌 겨우 조그만 한 부분을 보고서 보물을 얻은 것처럼 좋아 날뛰면서 옛사람을 배척하고 자기를 내세우기를 거리낌 없이 해서야 되겠는가.

大抵吹毛覓疵, 務出新見者, 固爲大病. 棄智絶意, 全襲舊傳者, 亦無實得. 學者於先儒之說, 苟有疑晦處, 勿遽生別見, 亦勿遽屬過境, 須融會硏究, 務得說者本旨, 反復參驗, 則或當渙然冰釋, 默自一笑, 或益見其紕繆處, 亦當平恕而順解之, 曰: "某氏看得恁地, 故說得如是. 今看得這樣, 則說得當若是也." 何必纔見一斑, 如得奇貨, 竊竊然跳躍, 紬古肆己, 無所忌憚?

글쓰기는 자신을
속이지 않는 데서부터 시작한다

김정희

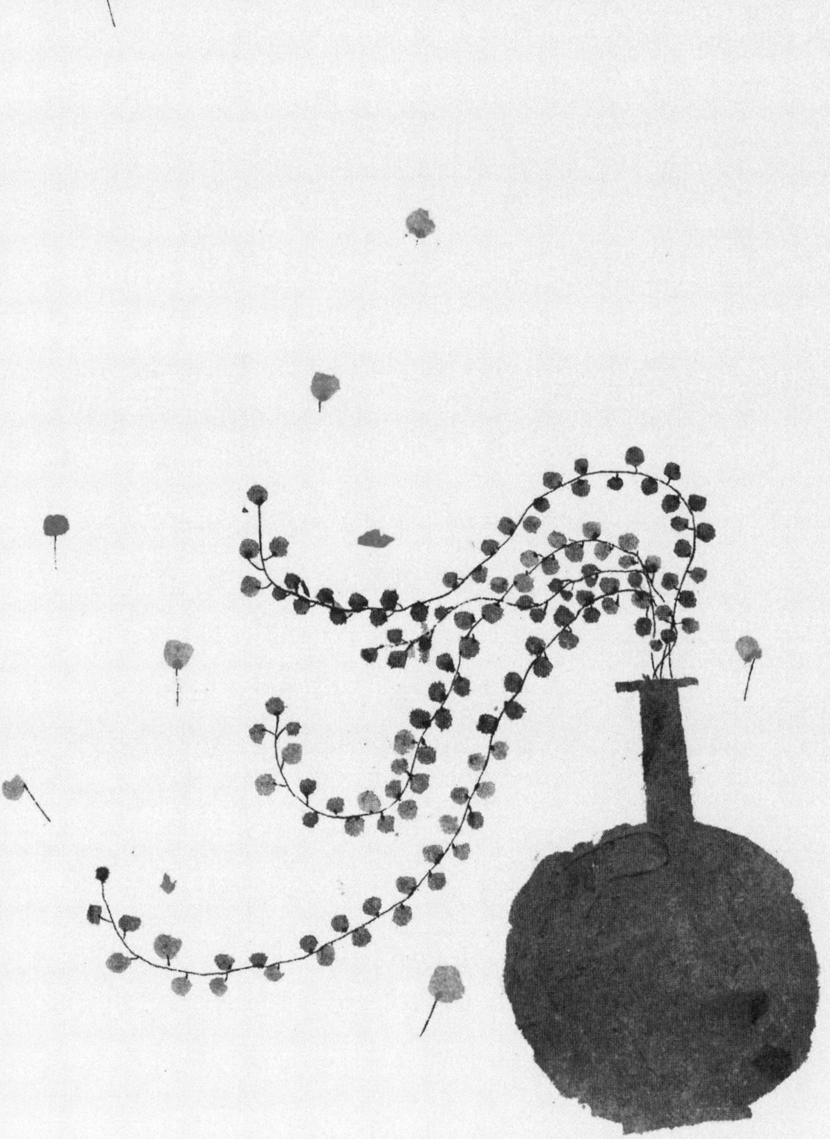

김정희

김정희金正喜의 호는 추사秋史이며 이외에도 완당阮堂을 비롯한 여러개의 호가 있다. 조선 순조·헌종 때의 인물로 생몰연대는 1786~1856년이다.

그는 흔히 알려져 있듯 서예의 대가만이 아니고 학문에 있어서도 당대 일급의 학자였다. 비록 많은 글을 남기지는 않았지만 학문의 가장 깊숙한 경지를 들여다본 몇 안 되는 조선 학자의 한 사람이었던 것이다. 그는 '실사구시實事求是', 즉 실제의 일에서 올바른 이치를 구하는 것을 학문의 준칙으로 삼았다. 이는 헛된 명분이나 공허한 관념을 버리고 사실과 실증을 중시하고자 하는 태도의 소산이다. 이러한 학문적 태도는 청조淸朝 고증학考證學에 영향받은 바 크다.

그는 학자는 신중함과 사려깊음을 지녀야 한다고 생각했으며, 견강부회와 천착, 신기함의 추구나 경박한 태도를 경계해야 한다고 보았다. '천착'이란 억지로 이치에 맞지 않는 말을 하는 것을 뜻한다.

추사의 학문론은 예술론과 깊은 연관을 맺고 있다. 그에게 있어 학문이란 좁은 의미의 학문만이 아니라 예술의 세계와도 통하는 것이었기 때문이다. 이 때문에 그가 펼친 글씨에 대한 논의나 난蘭 치는 법에 대한 논의는 학문론으로 읽어도 무방하다. 학문론이든 예술론이든 추사는 창조주체인 '나'의 뜻과 정신의 경지를 가장 중요시했다. 바로 이 지점에서 식견識見이나 격조格調가 문제시된다. 그런데 뜻과 정신은 학문에 의해서 오롯이 고양될 수 있기에 훌륭한 예술은 학문의 힘에 의해 뒷받침될 때에만 가능하다. '문자향文字香'이나 '서권기書卷氣'를 중시한 것은 이 때문이다.

추사는 글쓰기든 난을 치는 일이든 자기 자신을 속이지 않는 데서부터 시작해야 한다고 말했다. 이 말은 비단 학문과 예술의 '시작'만이 아니라 그 '귀결'에도 똑같이 적용될 수 있는 경구警句가 아닌가 생각된다.

여기에 실린 글은 『완당전집阮堂全集』에서 뽑았다.

『한서漢書』「하간 헌왕전河間獻王傳」[1]에 이런 구절이 있다. "실제의 일에서 올바른 이치를 구한다." 이 말은 학문을 하는 데 가장 긴요한 도리를 담고 있다. 만일 실제의 일에 힘쓰지 않고 단지 공허한 학문을 편하게 여기거나, 올바른 이치를 구하지 않고 그저 자기가 먼저 받아들인 말을 옳다고 주장한다면 성현의 도에 어긋나지 않음이 없다.

漢書河間獻王傳云: "實事求是." 此語乃學問最要之道. 若不實以事, 而但以空疎之術爲便, 不求其是, 而但以先入之言爲主, 其于聖賢之道, 未有不背而馳者矣.

성현의 도는 비유컨대 커다란 저택과 같아서, 주인이 늘 거처하는 사랑방은 문간을 거치지 않으면 들어갈 수 없다. 이 문간에 해당하는 것이 바로 훈고訓詁이다. 일생 동안 문간에서만 분주히 오가고 대청에 오르거나 사랑방에 들어가려 하지 않는 자는 하인배이다. 그러므로 학문을 함에 있어 반드시 정밀한 훈고에 힘써야 한다는 것은, 대청에 오르고 사랑방에 드는 것을 그르치지 않기 위해서이지, 훈고 그 자체가 목적은 아니다.

1 「하간 헌왕전(河間獻王傳)」: 『한서』 권53에 나온다.

聖賢之道, 譬若甲第大宅, 主者所居, 恒在堂室, 堂室, 非門逕不能入也. 訓詁者, 門逕也. 一生奔走于門逕之間, 不求升堂入室, 是厮僕矣. 故爲學, 必精求訓詁者, 爲其不誤于堂室, 非謂訓詁畢乃事也.

학문의 도는 굳이 한漢나라의 학풍과 송宋나라의 학풍을 구분할 필요가 없으며, 정현鄭玄[2]·왕필王弼[3]·정자·주자의 장단점을 시비할 필요도 없으며, 주자·육상산·설선薛瑄[4]·왕양명 중 어느 학파가 옳은지를 놓고 싸울 필요도 없다. 단지 마음을 공평하게 갖고 기운을 고요하게 하여 널리 배우고 독실하게 실천해야 할 것이니, 오로지 '실사구시'라는 한마디 말을 주장하여 행함이 옳다.

爲學之道, 不必分漢宋之界, 不必較鄭王程朱之短長, 不必爭朱陸薛王之門戶. 但平心靜氣, 博學篤行, 專主實事求是一語行之可矣.

천하의 학술이란 수백년이 흐르면 반드시 변하게 되어

2 정현(鄭玄): 후한(後漢)의 저명한 훈고학자.
3 왕필(王弼): 위(魏)나라 때 학자. 노장사상(老莊思想)에 입각해 주역의 주석을 붙인 것으로 유명하다.
4 설선(薛瑄): 명나라 때의 저명한 주자학자.

있다. 학술이 장차 변화할 때가 되면 반드시 한두 사람이 나타나 그 단서를 여는데, 이때 수백 수천 사람이 왁자지껄 떠들며 그를 공격한다. 학술의 변화가 고착되면 반드시 한두 사람이 나타나 그간의 성과를 집대성하는데, 그러면 수백 수천 사람이 일시에 그를 추종한다. 왁자지껄 떠들며 공격하는 것은 온 천하가 새로운 학술에서 이상함을 보았기 때문인데, 이때는 아직 새로운 학술의 폐단이 드러나지 않는다. 일시에 추종하는 것은 온 천하가 그 학술이 이상하지 않다고 보았기 때문인데, 이즈음 그 학술은 폐단을 드러내기 시작한다. 이때에 반드시 한두 사람이 나타나 그 폐단을 바로잡으면서 용감하고 굳세게 버틴다. 급기야 학술이 바뀐 지 오래되면 국가가 법과 제도로써 그 학술을 규범화하고 이익과 녹봉으로써 사람들을 그 학술로 유도하여, 아이들은 그 학설을 익히고 노인들은 그 학설이 옳은 줄 안다. 그리하여 천하는 편안하다. 천하가 편안한지 오래되면 다시 어떤 사람이 나타나 학술을 변화시키려고 생각한다. 이상이 바로 천고千古 학술의 대요大要이다.

아아, 장차 학술이 변하고자 할 때 왁자지껄 떠들며 공격하는 수백 수천의 사람들은 용렬한 자들이며, 학술의 변화가 이미 고착되었을 때 일시에 추종하는 수백 수천의 사람들 역시 용렬한 자들이다. 새로운 학술의 폐단을 바로잡으며 용감하고 굳세게 버티는 자는 과연 누구인가.

學術之在天下也, 閱數百年而必變. 其將變也, 必有一二人開其端, 而千百人譁然攻之. 其旣變也, 又必有一二人集其成, 而千百人靡然從之. 夫譁然而攻之, 天下見學術之異, 其弊未形也. 靡然而從之, 天下不見學術之異, 其弊始生矣. 當其時, 必有一二人矯其弊, 毅然而持之. 及其變之旣久, 有國家者繩之以法制, 誘之以利祿, 童穉習其說, 耄耋不知非, 而天下相與安之. 天下安之旣久, 則又有人焉, 思起而變之, 此千古學術之大較也.

嗟乎! 當其變也, 千百人譁然而攻之者, 庸人也. 及其旣變也, 千百人靡然而從之者, 亦庸人也. 矯其弊毅然而持之者, 誰乎?

한석봉의 서첩書帖은 참 애석하다. 그 글씨는 극히 높은 곳이 있는가 하면 극히 속된 곳도 있으며, 그 공을 쏟고 힘을 쏟은 것이 산을 무너뜨리고 바다를 뒤엎을 만하지만, 오히려 저 동기창董其昌[5]의 힘없이 쓴 듯한 글씨에 미치지 못하니, 이러한 경지는 모르는 자하고는 말할 수 없다.

石峰帖可惜. 大槩此書, 有極高處, 又有極俗處, 其工到力到, 可以摧山倒海, 猶不及董香光緜緜若存. 此等境地, 不可與不知者言耳.

5 동기창(董其昌): 호가 향광(香光)임. 명나라의 저명한 화가이자 서예가.

예서隸書를 쓰는 법은 차라리 졸拙할망정 기이해서는 안 되며, 예스럽기는 해도 괴상해서는 안 된다.

기이하거나 괴상해서는 안 된다는 지적은 비단 서법書法에 있어서만이 아니라 일체의 일에서 경계警戒로 삼는 게 좋다.

大槩隸法, 寧拙無奇, 古而不怪.

奇怪二意, 不特書法, 一截戒之爲佳.

이조락李兆洛[6] 선생의 다음 말은 참으로 훌륭하다.

"경전에는 늘 통하지 않는 곳이 있게 마련인데, 기운이 강한 사람은 그 한 끝만 붙들고서 억지로 통하게 하려 하고, 기운이 약한 사람은 그 대체적인 의미까지도 우선 덮어두려 한다. 억지로 통하게 하려는 것은 그 막힘을 더욱 심하게 할 뿐이요, 우선 덮어두려는 태도는 그 의미를 모색하지 않는 것이다. 대체적인 의미를 모색해 통괄하고 종합하면 이해되게 마련이다."

善乎! 李申耆先生之言. 云: "經之每有不可通也, 强者則執一端而强通之, 弱者則並大體而姑置之. 强通者益其塞也, 姑置之, 是不求通也. 能求諸大體, 得其統宗, 隨而理之."

6 이조락(李兆洛): 자(字)는 신기(申耆). 청나라의 고증학자. 저서에 『이씨오종(李氏五種)』『양일재문집(養一齋文集)』 등이 있다.

하늘이 총명함을 주는 것은 귀천貴賤, 상하上下, 남북南北을 가리지 않으니, 타고난 재능을 확충하여 맹렬하게 정신을 다하면 9999분分은 도달할 수 있을 것이다. 그러나 그 나머지 1분의 공부는 이루기가 몹시 어려우니 노력해야 마땅하다.

天與聰明, 不在貴賤上下南北, 惟擴而充之, 猛着精彩, 雖到得九千九百九十九分, 其一分之工, 極難圓, 努力加餐可耳.

난蘭을 치는 것이 비록 9999분分까지 이르렀다 할지라도 그 나머지 1분이 가장 이루기 어렵다. 9999분은 거의 다 가능하겠지만, 마지막 이 1분은 사람의 힘으로 가능한 것이 아니며, 그렇다고 사람의 힘 밖에 있는 것도 아니다. 지금 우리나라 사람들은 이 이치를 알지 못하고서 모두 망령되이 난을 치고 있다.

雖到得九千九百九十九分, 其餘一分, 最難圓就, 九千九百九十九分, 庶皆可能, 此一分, 非人力可能, 亦不出於人力之外. 今東人所作, 不知此義, 皆妄作耳.

난을 치는 것이 비록 작은 도道이기는 하나 법도가 없이는 이루어지지 않거늘, 하물며 이보다 큰 일에 있어서랴! 이 때문에 한 잎, 한 꽃봉오리라도 자신을 속일 수 없을 뿐만 아니라, 남을 속일 수도 없다. 열 눈이 보고 열 손가락이 가리키니, 그 얼마나 무서운가. 그러므로 난 치는 데 손을 대자면 마땅히 자신을 속이지 않는 데서부터 시작해야 한다.

雖此小道, 非規不成, 況進而大於是者乎? 是以, 一葉一瓣, 自欺不得, 又不可以欺人. 十目所視, 十手所指, 其嚴乎! 是以, 寫蘭下手, 當自無自欺始.

품격의 고하高下는 작품의 자취에 있지 않고 뜻에 있다.

盖品格之高下, 不在跡而在意.

남이야 동쪽으로 가건 서쪽으로 가건 상관하지 말고, 다만 자기 본분을 잘 살펴 맹렬히 힘을 쏟는 것이 옳다.

人之東之西, 吾不必計較, 只於自己本分上, 細着眼猛着力, 可耳.

경전을 풀이함에 있어서는, 잘 설명이 되지 않는 대목이라고 해서 저것을 끌어와 이것과 결부시키며 견강부회하려 해서는 절대 안 된다.

說經, 決不當於說不去處, 引他就我, 務欲牽合也.

● 많이 공부하고, 의심나는 것 중에서 해결할 수 없는 것은 억측하지 말고 일단 그대로 두며, 말은 신중하게 해야 한다.

固當多聞, 又闕疑, 又愼言之也.

● 지금 글쓰기에 마음을 둔 사람에게 가장 중요한 명제가 있으니, 그것은 곧 글쓰기는 무엇보다도 먼저 자신을 속이지 않는 데서부터 시작해야 한다는 사실이다.

今留心文章者, 有第一義諦, 當先自無自欺始也.

● 무릇 태산의 꼭대기에 당도하여 한걸음도 더 내디딜 곳이 없는 사람이라면 부득불 옛길을 따라 내려올 수밖에 없다. 이는 오늘날 글쓰기에 마음을 둔 자라면 의당 눈을 밝혀야 할 대목인데, 어떻게 생각할지 모르겠다.

凡到泰山頂者, 無更進一步處, 則不得不從舊路下來而已. 是今日留心文章者, 所可明眼者, 未知如何?

담계覃溪[7] 선생이 저술한 『군경부기群經坿記』[8]는 방법이 대단히 정확하고 주장이 몹시 공평하여, 기이함을 즐기거나, 박식을 뽐내거나, 지리하거나, 견강부회하거나 하는 폐단이 없으며, 반 토막의 이해와 한가지 아는 것으로써 천방지축 날뛰는 태도가 없다. 선생은 병이 났을 때에도 저술하는 일을 쉬지 않았으며, 한 글자도 반드시 신중하게 가려 쓰고 한마디 말도 반드시 옳은 것을 구하여 이를 차곡차곡 쌓아 74권에 이르렀으니, 선생의 80년 정성과 독실함이 모두 이 속에 들었다 할 것이다.

大抵覃溪老人所著群經坿記, 門路甚正, 持說甚平, 無嗜異炫博支離穿鑿之弊, 半解一知東西顚倒之習. 至於撤瑟之辰, 猶筆削不休, 一字必致愼, 一言必求是, 積至七十四卷, 八十年精篤, 盡在於是.

서법書法은 사람마다 전수받을 수 있지만, 정신과 흥취는 사람마다 자신이 스스로 이룩하는 것이다. 정신이 없는 글은 그 서법이 아무리 볼 만해도 오래 두고 감상하지 못하며, 흥취가 없는 글은 그 글자 체體가 아무리 아름다워도 고작 글씨 잘

---

7 담계(覃溪): 청나라 옹방강(翁方綱)의 호. 고증학, 금석학, 서예의 대가였음. 김정희는 그를 스승으로 섬겼음.

8 『군경부기(群經坿記)』: 유교 경전을 해석한 책.

쓰는 기술자라는 말밖에 듣지 못한다. 흉중胸中의 기세氣勢가 글자 속과 행간에 흘러나와 혹은 웅장하고 혹은 넉넉하여 막으려야 막을 수 없어야 하는데, 만일 겨우 점과 획에서만 글씨의 기세를 논한다면 아직 한 단계 멀었다 할 것이다.

法可以人人傳, 精神興會, 則人人所自致. 無精神者, 書法雖可觀, 不能耐久索翫. 無興會者, 字體雖佳, 僅稱字匠. 氣勢在胸中, 流露於字裏行間, 或雄壯或紆餘, 不可阻遏, 若僅在點畫上論氣勢, 尙隔一層.

난을 치는 일은 종이 서너장을 넘어서는 안 된다. 신기神氣가 모이고 마음과 대상이 하나로 무르녹아야 함은 글씨든 그림이든 매일반이지만, 난을 치는 데는 더욱 그러하다. 그러니 어찌 작품을 많이 만들 수 있겠는가. 만일 화공畫工들이 그리듯 그린다면 한 붓에 천장의 난을 칠 수도 있을 것이다. 그러나 이런 작품은 만들지 않는 것이 좋다. 이 때문에 나는 난을 많이 치려 하지 않았다.

寫蘭不得過三四紙. 神氣之相湊, 境遇之相融, 書畫同然, 而寫蘭尤甚, 何由多得也? 若如畫工輩疇應法爲之, 雖一筆千紙可也. 如此作, 不作可也. 是以, 畫蘭吾不肯多作.

최한기

상등의 학문은 기(氣)로 듣는다

최한기

혜강惠崗 최한기崔漢綺는 조선 헌종·철종·고종 때의 학자로 생몰연대는 1803~75년이다. 조선왕조의 말기에 학문활동을 했던 그는 어떤 학파에 속하거나 사승관계師承關係 없이 혼자서 자유분방하게 새로운 사상을 모색하고 정립하였다. 그의 사상은 지배담론으로서의 성리학은 물론이려니와 불교, 단학丹學, 천주학 등에 대한 비판 위에서 제기될 수 있었다.

그는 실학의 문제의식과 기철학의 전통을 발전적으로 계승하는 한편, 서양학西洋學의 장점을 섭취하여 전혀 새로운 학문을 구상하였다. 그는 자신이 수립한 학문을 '기학氣學'이라 부르고 있는데, 천지만물과 사회와 사람의 기氣의 운행변화를 규명하는 것이 기학의 과제이다. 기의 운행변화는 '운화運化'라는 특별한 용어로 표현되는데, 운화에는 주요한 세가지 수준이 있으니 천지운화天地運化, 통민운화統民運化, 일신운화一身運化가 그것이다. 천지운화는 우주·자연의 기의 운행을 가리키는 말이요, 통민운화는 사회적·공동체적 수준에서 전개되는 기의 운행이며, 일신운화는 인간 개체 단위에서 이루어지는 기의 운행이다. 일신운화는 통민운화에, 통민운화는 천지운화에 복속된다. 이러한 복속은 '승순承順'이라는 특별한 용어로 표현된다. 그러므로 일신운화를 알기 위해서는 통민운화를 알아야 하며, 통민운화를 알기 위해서는 천지운화를 알지 않으면 안 된다. 그러나 이 세가지 수준의 운화는 상호 교섭하면서 유기적으로 통일되어 있는바, 이를 표현하는 말이 '천인운화天人運化'이다. 이런 점에서 기학이란 천지자연과 사회와 개인을 기氣의 운행이라는 관점에서 일체적으로 파악하고 유기적으로 이해하려는 학문으로 규정할 수 있다. 기학을 '천인지학天人之學' 혹은 '일통지학一統之學'이라 한 까닭이 이에 있는 것이다.

이처럼 물아物我와 천인天人을 두루 통달하고 우주와 천지만물과 인사人事의 천변만화千變萬化를 꿰뚫고자 한 최한기의 기학은, 오늘날의 관점에서 본다면 자연과학과 사회과학과 인문학을 포괄하면서 그 통일적 원리와 보편적 근거를 모색하고자 한 것으로 이해할 수 있다.

최한기에게 있어 학문이란 배우는 것임과 동시에 가르치는 것이다. 배움과 가르침은 결코 두가지 일이 아니라고 본 것이다. 이 때문에 그의 학문론에는 배움에 대해서만이 아니라 가르침에 대한 논의가 많이 등장한다.

여기에 실린 글은 『기학氣學』 『기측체의氣測體義』 『인정人政』에서 뽑았다.

활동운화[1]는 기학氣學의 요체이다.

活動運化, 氣學之宗旨.

운화의 기를 체득하고 살펴 일신一身의 기를 알고, 일신의 기로써 운화의 기를 받들어 섬겨야 한다. 그렇게 한다면 인사人事는 천도天道로 인해 질서가 생겨 문란하지 않을 것이고, 천도는 배움으로 인해 백성들이 두루 깨닫게 될 것이다. 학문의 큰 길은 이것 말고는 달리 없다.

體察運化之氣, 推達身心之氣, 須將身心之氣, 承事運化之氣, 人事由天道而有序不紊, 天道從人學而普覺群生, 學問大道, 無他岐貳.

1 활동운화: 기(氣)의 활동·운행·변화를 일컫는 말이다. 보통 줄여서 '운화'라고 한다.

가르침을 세우고 학문을 세움에 자기의 견해만 고수하려 해서는 안 된다. 모름지기 천도를 본받아야 하나니, 차라리 인사人事를 고칠지언정 천도를 어겨서는 안 된다.

竪敎建學, 不可固守己見. 必須效則天道, 寧改人事, 無違天道.

천인운화天人運化는, 그 처음을 말한다면 학문의 궁극적 근거요, 그 끝을 말한다면 학문의 기준이다.

天人運化, 語其源, 則乃學問根基, 語其委, 則爲學問之標準.

기의 운행변화를 체득하여 정치를 함이 스승의 도이고, 기의 운화변화에 순응하여 일을 이루는 것이 가르침의 도이다.

體氣化而導政治, 師道也; 順氣化而成事務, 敎道也.

배워서 천인운화의 대략을 깨닫는 데 이른다면 배우는 자의 덕량德量이 큰가 작은가는 따질 필요가 없다. 만일 천인운화 너머의 일까지 알고자 한다면 그 덕량이 망령되다 하겠고, 천인운화를 아는 데 미치지 못한다면 그 덕량이 좁은 것이다. 자신의 덕량을 넓히지 못하는 데에는 세가지 병이 있다. 하나는 편벽됨이요, 그 둘은 스스로 뽐냄이며, 그 셋은 남에게 이기기 좋아함이다. 편벽된 사람은 한곳에 구애되고 집착하여 더 먼 곳에 도달하지 못하고, 스스로 뽐내는 사람은 조그만 얻음에 만족하여 더 나은 것을 구하지 아니하며, 이기기 좋아하는 사람은 자기가 훌륭하다고 여기므로 마음을 비워 남을 받아들이지 않는다. 이 세 부류는 모두 자신의 기질에 구속되어 그 식견과 덕량을 넓히지 못하는 것이다. 만일 천인운화를 구명함이 더욱 깊어지면 이런 폐단을 없앨 수 있다.

學到於天人運化大略通達, 德量大小, 不必更論, 過於此, 則爲虛妄之量, 不及此, 則爲偏小之量. 不能擴其量者, 其病有三. 一曰偏曲, 二曰自矜, 三曰好勝. 偏曲者, 滯而泥着, 不能推達稍遠. 自矜者, 足於少得, 不能更求愈善. 好勝者, 以己爲賢, 不能虛心受人. 三者皆拘於氣稟, 不能推擴識量. 若於天人運化, 究明轉深, 可祛其蔽.

활동운화의 기는 물아物我를 섞고, 천인天人을 통하며, 안과 밖을 합하고, 정미한 것과 거친 것을 하나로 한다.

活動運化之氣, 和物我, 通天人, 合內外, 一精粗.

남이 그 자신의 견해가 천고에 바꿀 수 없는 진리라고 자부한다 할지라도, 내가 상도常道에 비추어보아 틀림이 없다고 판단해야 옳은 것이고, 틀림이 있다고 판단하면 옳은 게 아니다. 만일 상도에 부합하지 않는 자기 자신의 일시적인 견해를 갖고 남의 시비를 말하기 좋아하는 사람이라면, 자기와 생각이 같으면 옳다 하고 자기와 생각이 다르면 그르다 할 것이니, 이와 같은 시비는 천하의 공론公論이 아니고 한 사람의 사사로운 주장일 뿐이다.

人之所說, 雖自謂其千古不易, 我乃稽之于常, 無違則是正, 有違則非正. 若無得於常道, 而只以己之一時所見, 好說人之是非者, 自然同於己則是之, 不同於己則非之. 如此是非, 非天下之公論, 乃一人之私說.

● 한 사람을 가르치는 것과 여러 사람을 가르치는 것은 다르다. 가까이에 있는 사람을 가르치는 것과 먼 데 있는 사람을 가르치는 것은 다르다. 사람을 보고 가르치는 것과 사람을 보지 않고 가르치는 것은 다르다. 그 사람을 헤아려보고 가르치는 것과 그 사람을 헤아려보지 못하고 가르치는 것은 다르다.

한 사람을 가르칠 때에는 조용히 훈도하고, 여러 사람을 가르칠 때에는 대략 큰 줄거리만 가르친다. 가까이에 있는 사람을 가르칠 때에는 묻고 대답하는 식으로 가르치며, 먼 데 있는 사람을 가르칠 때에는 책을 통해 가르친다. 사람을 보고 가르칠 때에는 그의 기질에 따라 가르치며, 사람을 보지 않고 가르칠 때에는 기氣의 운행변화를 들어 인도人道를 밝힌다. 그 사람의 과거 행적을 헤아릴 수 있으면 그것으로 후일의 거울을 삼도록 가르치며, 그 사람의 마음가짐과 행적을 헤아릴 수 없으면 말없는 가르침으로 가르친다.

敎一人, 與敎衆人異. 敎近人, 與敎遠人異. 見人而敎, 與不見人而敎有異. 測其人而敎, 與不測人而敎有異矣. 敎一人, 從容薰炙. 敎衆人, 略擧大體. 敎近人, 問聞相通. 敎遠人, 書籍傳達. 見人而敎, 因氣質而進退之, 不見人而敎, 擧運化而明人道. 測其人之已往行事, 而敎方來之勸懲, 不測人之心法行事, 而敎之以無言之敎.

알지 못하는 병통은 주로 타고난 자질이 탁한 데에 기인한다. 만일 스스로 모르는 것으로 자처한다면 오히려 큰 해가 되지는 않지만, 객기가 있는 사람은 자기가 모른다고 생각하지 않고 도리어 안다고 생각하니 이런 사람은 참으로 곤란하다.

盖不知之病, 多由於質濁, 若以不知自處, 猶不至大害, 有客氣者, 不念自己之不知, 而反以爲知, 難矣哉!

의욕이 없는 사람은 가르칠 수 없으니, 이런 사람은 먼저 의욕을 불러일으킨 다음에 가르쳐야 한다. 의욕이 지나친 사람도 가르칠 수 없으니, 이런 사람은 먼저 의욕을 억제한 다음에 가르쳐야 한다. 기필코 남을 가르치려고 하는 태도 역시 욕심이다.

無欲人不可教, 先使激起所欲, 從而施教. 過欲者不可教, 先使抑制其欲, 從而施教. 期欲教人, 亦是欲也.

만일 천하 사람들이 모두 함께할 수 있는 근본을 들어서 가르침을 세우지 않고 단지 한 나라나 한 지방의 지엽적인 일로써 가르침을 세운다면 그 가르침은 같은 일을 하는 사람에게만 통용될 뿐 온 천하의 사람들에게 모두 통용될 수 없다.

若不擧天下人大同之本而立教, 只以一邦一隅事爲之末以立教, 惟可施於同事爲之人, 不可通行於天下人人矣.

가르치고 배우는 것은 두가지 일이 아니다. 내가 성실한 배움으로 선을 행하면 선을 향한 마음을 갖고 있는 사람은 나와 기운이 서로 감응하여 나의 가르침이 그 가운데 행해진다. 또한 다른 사람이 선을 행하기를 바라서 성실한 마음으로 깨우치고 지도한다면 나의 배움이 그 가운데 있다. 그러므로 스승과 제자가 마음을 같이하고 힘을 합쳐, 배우는 것으로 가르침을 밝히고 가르치는 것으로 배움을 밝히면 곧 모든 사람에게 통용되는 가르침과 배움이 될 수 있다. 누구에게나 통용되는 일로 배움을 삼는다면 가르침이 모든 사람에게 행해질 수 있지만, 단지 옛날의 지식을 주워 모으기만 하고 깨달은 바가 없다면 남을 가르칠 수 없다.

敎與學非二事. 我以誠學爲善, 人有向善之心者, 聲氣相感, 敎亦行乎其中, 要人爲善, 誠心開導, 學亦在其中矣. 是以師弟子同心合力, 以學明敎, 以敎明學, 乃通人之敎學也. 以人人可通行之事爲學, 則敎可施於人人矣. 但能掇拾舊聞, 而無所覺得, 不可以敎人.

말이란 상황에 따라 달라지고, 가르침이란 사람에 따라 달라진다. 만일 그 다른 점을 궁구하여 같은 데로 귀결시키지 않고, 단지 그 같지 않은 말이나 글에 대해서만 거론한다면 학문이 분열된다.

言隨機異, 敎隨人異. 若不究其所異以歸于同, 只擧其不同之言文, 則所學分裂矣.

예로부터 가르침과 배움에 대해 말한 사람은 무척 많다. 그들은 저마다 공부에 절실하고 긴요한 조목을 무성하게 들어놓았는데, 마음을 주로 한 사람이 열명 중 일고여덟명이고, 사물을 주로 한 사람은 열명 중 한두명이다. 마음과 사물을 함께 밝힌 사람은 적으며, 천하의 마음과 사물을 통일시켜 말한 사람은 더욱 적으니, 스스로 국한되거나 치우쳐 막힌 사람들이 대부분이다. 기氣의 운행변화에 근거한 나의 이 기학氣學만이 물아物我와 천인天人에 두루 통달하여, 우주와 천지만물과 인사人事의 천변만화千變萬化를 모두 포괄한다.

自古言教言學之人, 不翅萬千, 各擧功夫切要條目緊茂. 主於心者十之七八, 主於物者一二, 而心與物互明者少, 統天下之心與物者尤少, 自拘束自偏滯多. 惟此神氣運化, 通物我達上下, 千萬變化, 盡入範圍.

기학氣學으로써 천하의 견문을 크게 뒤흔들어 세상 사람의 이목을 새롭게 하고, 천하의 학문을 통일하여 잘못된 구습을 씻어버려야 한다.

以氣學掀撼天下之視聽, 以新耳目, 一統天下之學問, 以湔習染.

사람의 자질에는 맑음과 탁함과 어두움과 밝음이 있으며, 사람의 국량에는 큼과 작음과 깊음과 얕음이 있다. 가르침이 사람에게 받아들여지는 것은 바로 이 자질과 국량에 따라 달라진다.

이처럼 자질을 처음 타고날 때부터 이미 가르침을 받아들이는 우열이 있으니 국량이 알맞으면 비록 가르치지 않아도 스스로 깨닫고 그렇지 못할 경우 아무리 부지런히 가르쳐도 제대로 받아들이지 못한다.

人之資稟, 有清濁昏明, 局量有大小淺深, 敎之入人也, 隨其資稟局量而有異.

稟受之初, 已具敎入之優劣, 氣局所宜, 雖不敎而自覺, 如其不宜, 縱得勤敎, 而畢竟悠泛.

가르치고 배우는 데 있어 활법活法과 사법死法을 분간하지 않는다면 어찌 올바른 가르침과 배움이 될 수 있겠는가? 이미 지나간 옛날의 글이나 말은 모두 사법이요, 고금과 미래의 기氣의 운행이야말로 모두 활법이다. 가르치고 배우는 본뜻이 어찌 사법의 말과 글만을 아는 데 있겠는가? 그 본뜻은 또한 기의 운행이라는 활법을 거론하여 사물에 적용하고자 하는 데 있는 것이다. 이 점을 밝혀서 말하면 활법의 말이 되고, 이 점을 밝히는 글을 쓰면 활법의 글이 된다.

凡施敎與受學, 不分生死之法, 何以得其宜也? 已往之言文, 皆死法也, 古今與方來之運化, 皆活法也. 敎學之本義, 豈在知死法之言文而尼哉? 又欲擧運化之活法, 用於事物. 明此而發言, 爲活法之言, 著文爲活法之文.

남을 가르칠 때는 그 사람의 근기根器가 깊은지 얕은지를 살펴보아야 한다. 근기가 얕으면 기질이 비록 청명淸明하다 하더라도 마음을 가라앉혀 궁구하지도 못하고 몸가짐을 신중하게 지키지도 못하여 좀 해보다가 곧 그만두게 되니 무슨 성취가 있겠는가. 그러나 근기가 깊으면 기질이 비록 청명하지 못하다 하더라도 속에 반드시 가르침을 받아들이는 도량이 있어, 가르침이 들어옴에 따라 점차 즐거워하게 된다. 그러니 어찌 처음 봤을 때 노둔하다고 하여 가르치는 데 소홀히 할 수 있겠는가.

當觀根器深淺以施敎. 根器淺, 則氣質雖淸明, 不能潛究愼守, 銳進銳退, 何可有成? 根器深, 則氣質雖欠淸明, 內必有容受量, 待其透入, 而悅樂漸開, 豈可以初接之魯鈍, 少忽於進脩之敎?

● 기氣의 운행변화를 따라 사람을 가르치는 것이 잘 가르치는 것이요, 기의 운행변화를 따라서 사람을 가르치지 않는 것은 좋은 가르침이 아니다.

以運化承順敎人, 善敎也, 不以運化承順敎人, 不善敎也.

● 가르침과 배움에서 효과를 빨리 얻으려 하는 자는 중도에 그만두기가 쉽다. 이는 기의 운행변화로써 가르침과 배움을 삼지 않고, 명예와 이욕으로써 가르침과 배움을 삼기 때문이다. 기의 운행변화는 빠르지도 않고 늦지도 않으나 잠시도 멈춤이 없거늘, 아침부터 저녁까지, 봄부터 겨울까지, 어려서부터 늙기까지 모두 그때그때 해야 할 일이 있다.

敎與學, 欲速求效者, 又易致間斷. 是不以運化爲敎爲學, 以名譽利欲, 爲敎爲學也. 夫運化之氣, 不速不遲, 無一刻之停息, 自朝至夕, 自春至冬, 自幼至老, 皆有隨時當行之事.

● 가르침이 행해지지 않는 데에는 네가지 까닭이 있다. 배움의 길은 발견했어도 제멋대로 욕심을 부려 배우는 차례를 따르지 않는 것이 그 하나요, 배움으로 들어가는 문을 찾지 못해 마음과 힘만을 헛되이 낭비하는 것이 그 둘이며, 마음이 차

분히 안정되지 못해 이치를 궁구하지 못하는 것이 그 셋이며, 아직 방향도 모르는 주제에 스스로 잘 안다고 여기는 것이 그 넷이다.

가르침을 방해하는 것에도 네가지가 있다. 제일 먼저 꼽을 수 있는 것은 노래와 여색과 잡기이다. 그 다음으로는 부귀와 영달이며, 그 다음으로는 문장과 기예技藝이다. 끝으로, 무리를 지어 학문을 하면서 남을 이기려는 마음으로 모든 것을 판단하는 행태를 들 수 있다. 이것들 때문에 진정한 가르침과 배움이 존재하기 어렵다.

教之不行有四. 雖得學路, 而恣情縱欲, 不肯循爲, 一也. 不得其門, 而徒費心力, 二也. 心不安詳, 未能究解, 三也. 未知方向, 而自謂能知, 四也. 教之扞格有四, 淺之爲聲色臭味, 進之爲富貴利達, 又進之爲文章技藝, 又有門戶學問, 摠斷以勝心. 此所以眞正教學之鮮也.

● 중년에 이르러 학업의 진취가 있는가의 여부와 많은가 적은가의 여부는 공부하는 사람 자신에게 달려 있다. 종신토록 초학初學을 면치 못하는 사람이 있는가 하면, 중년에 이르러 빠르게 성취해가는 사람도 있다.

至中年而進就之有無多寡, 惟在其人. 至終身而未免初學者有焉, 至中年而快有成就之漸者有焉.

하늘에 대해 말한 것이 인간의 일로 귀착되지 않는다면 하늘에 대해 잘 말한 것이 아니요, 옛날에 대해 말한 것이 현재를 통해 확인되지 않는다면 옛날에 대해 잘 말한 것이 아니다. 하늘과 인간은 기의 운행변화로써 하나가 되어 혈맥血脈이 서로 통하고, 옛날과 현재는 기의 운행변화를 통해 서로 이어져 지각이 점차 밝아진다.

言天者, 無注泊於人, 非善言天也. 言古者, 無證驗於今, 非善言古也. 天與人, 以運化漬洽而血脉相通, 古與今, 以運化接續而知覺漸明.

뜻이 같고 사상이 합치할 경우 서로 이끌어주는 유익함을 기뻐할 일이요, 뜻이 다르고 사상이 합치하지 않더라도 함께 학문을 연마하는 공덕이 없을 수 없다. 서로 이끌어주면서 살뜰한 정을 두는 것은 좋으나 허물을 덮어주고 잘못을 꾸며주는 습관을 들여서는 안 되며, 함께 학문을 연마하면서 상대방의 좋은 점만을 취한다는 생각을 갖는 것은 좋으나 상대방을 배척하고 거부하는 태도를 가져서는 안 된다. 무릇 고금의 학문이란, 같으면 편들고 다르면 공격하여 스스로 학문의 째째함과 편벽됨을 보여줄 뿐, 불편부당不偏不黨의 넓은 도량을 보여주지는 못했다. 그러나 학문의 본원을 하늘과 인간의 기氣의 운행에 두어 어기지 않는다면, 남이 공격한다 해서 근심할 것이 없고 남이 편든다고 해서 기쁠 게 없다.

志同道合, 可喜相將之益, 志不同道不合, 亦不無磨琢之功. 相將而可留愛護之情, 不可留掩過飾非之習, 磨琢而可留惟善是取之念, 不可留擯斥拒絶之態. 凡古今學問, 黨同伐異者, 只見其自小自偏於學問, 未有此無適無莫之洪量. 使其本源在於天人經常, 不可違越, 人伐之而不足憂, 黨之不足喜.

세상에서 말하는 박학이란 훈고訓詁를 자랑하고 글귀나 뽑아내며, 일을 논할 때에는 반드시 옛 문헌을 많이 끌어다 인용하고, 저술을 할 때에는 반드시 어떤 사실의 출처를 따져 논평하는 것이다. 이처럼 박학은 아무 쓸모없는 것인데도 우리나라의 풍속에서는 이를 숭상한다.

世俗之博學, 矜於訓詁, 摘其章句, 論事必稱古文蹟之多援, 著述則必考出處而論評. 是雖無實用之博覽, 然國俗尙此.

상등의 학문은 기氣로 듣고, 중등의 학문은 마음으로 들으며, 하등의 학문은 귀로 듣는다. 귀로 듣는 자는 그 학문이 거죽에 있고, 마음으로 듣는 자는 그 학문이 가슴에 있으며, 기로 듣는 자는 그 학문이 천하에 있다. 보는 것도 이와 같아서, 기로 보는 자는 그 학문이 우주의 삼라만상을 모두 관찰함에 있고, 마음으로 보는 자는 그 학문이 마음의 이치를 탐구함에 있으며, 눈으로 보는 자는 그 학문이 눈앞에 나타난 현상에 있다. 비록 학문의 등급이 이렇기는 하나 실은 이 셋 가운데서 하나라도 빠뜨려서는 안 되며, 시종 이 셋을 겸해야 한다.

上學以氣聽, 中學以心聽, 下學以耳聽. 耳聽者, 學在皮膚, 心聽者, 學在胸臆, 氣聽者, 學在天下. 見亦如是. 氣見者, 學在咸觀萬象, 心見者, 學在心理究索, 目見者, 學在當前現色. 學之等數雖如是, 其實闕一不可, 自初至終, 常所兼濟也.

배움의 완성을 가르침에 두고 가르침의 완성을 천하후세에 두어야만 비로소 배움이 완성된다고 말할 수 있다. 천하후세에 마땅히 행해야 할 도를 배워서 가르침이 천하후세에 점차 완성되기를 기다려야 할 것이니, 어찌 꼭 눈앞에 당장 나타나는 효과만을 갖고 말하겠는가.

學之成在敎, 敎之成在天下後世, 方可謂學之成也. 學天下後世當服行之道, 可待天下後世敎成之漸, 何必以目前速效言哉?

만고萬古를 꿰뚫어 일생으로 삼고 만물과 더불어 일체가 된다면, 후세의 이목을 열어주고 천하의 학문을 통일할 수 있을 것이다.

洞萬古爲一生, 與萬物爲一體, 可以開後世耳目, 會天下學問.

중국을 배우는 자는 서양의 학술을 배우려 하지 않고, 서양의 학술을 배우는 자는 중국을 배우려 하지 않으니, 이는 모두 한쪽에 치우쳐 두루 통함이 없는 학문이다.

學中國者, 不願學西法, 學西法者, 不願學中國, 是皆有偏滯無周通之學.

사람을 가르쳐서 어긋나고 방자한 기운을 불러일으킨다면 그 가르치는 사람의 심법心法이 화평하지 못하다는 것을 알 수 있고, 사람을 가르쳐서 은연중에 깨닫게 한다면 그 가르치는 사람의 학문이 참되다는 것을 알 수 있으며, 사람을 가르쳐서 점점 교활하고 사특한 기운이 생긴다면 그 가르치는 사람이 오로지 사사로운 이익만을 추구한다는 사실을 알 수 있고, 사람을 가르쳐서 도무지 계발되는 기미가 없으면 그 가르치는 사람의 학문이 한갓 귀와 입으로 익힌 것일 뿐이라는 사실을 알 수 있다.

教人而激起違越放肆之氣, 可知其心法之不平, 敎人而俾生隱然契悟之氣, 可知其所得之眞正, 敎人而漸有巧邪陰慝之氣, 可知其偏穿之私利, 敎人而頓無啓發之氣, 可知其口耳之徒習.

하늘이 곧 기이고, 기가 곧 하늘이다.

天卽氣也, 氣卽天也.

이학理學[2]을 하는 사람이 기학氣學에 밝다면 이학은 더욱 밝아지고, 기학을 하는 사람이 이학을 겸한다면 이학이 올바르게 된다. 기학은 이학에 도움이 될 수 있으며, 이학 역시 기학에 도움이 될 수 있다. 이학의 폐단은 자기만을 주장하여 다른 학문을 훼방하기를 그치지 않는 것이고, 기학의 폐단은 기의 운행변화에 행여 미치지 못할까 걱정하여 다른 학문을 권하여 함께 큰 도로 돌아가고자 하는 것이다.

理學人明氣學, 則理學益明, 氣學人兼理學, 則理學得正. 氣學可使有補於理學, 理學亦可有助於氣學也. 理學之弊, 涉於自主張毁他

2 이학(理學): 이(理)를 중심으로 하는 성리학을 가리키는 말이다.

學, 不遺餘力, 氣學之弊, 恐不逮於運化, 勸他學而同歸大道.

학문이란 본래 평화로운 것이다. 인간사의 분쟁을 학문을 통해 화해시키고, 정치가 도리를 잃은 것을 학문을 밝혀 바로잡으니, 혼란을 막고 위기를 구해주며 어리석은 것을 깨우치고 악을 감화시키는 것이 바로 학문의 본의이다. 그러나 그릇된 학문을 하는 자를 보면 항상 남을 이기려는 마음을 방자히 가져 바람이 잠잠하건만 파도를 일으키고, 늘 자신의 결점을 숨기려고 문자를 빌려 자신을 엄호하는 방법으로 삼는다. 그러니 어찌 그 입에 올라 온전한 사람이 없다뿐이겠는가? 심지어는 붓끝으로 사람을 죽이기까지 하는 것이다. 이 같은 학문을 하는 자가 조정에 기용된다면 당파싸움이 일어나게 되는 것이고, 이 같은 학문이 후세에 전해진다면 무리를 지어 극심하게 싸우게 되는 것이니, 학문의 본의가 어디에 있단 말인가.

學問本自昇平, 人事之紛爭, 擧學問而和解之, 政令之失道, 明學問而規正之, 止亂扶危, 發蒙化惡, 乃學問本意也. 竊觀差錯學問者, 常肆其勝心, 揚波濤於風靜之後, 每掩其缺漏, 援文字爲遮護之術. 奚但口無完人, 至有筆端殺人. 以此學問, 徵用於朝廷, 則朋黨之禍興, 流傳於後世, 則門戶之爭酷, 學問之本義安在?

스승이 되어 제자를 만나면 각각 그 그릇에 따라 가르침을 다하여, 보지도 알지도 못하는 후세 사람들에게까지 자신의 가르침이 전해지도록 해야 할 것이니, 어찌 가르칠 만한 사람을 얻기 어렵다고 하여 가르쳐 인도하는 방법을 조금이라도 소홀히 할 수 있겠는가. 장래의 성취는 제자에게 달렸지만, 현재의 지도는 스승이 책임져야 하는 것이다.

爲師而遇弟子, 各盡隨機導誨, 以及於不聞不知後世之人, 豈可以難得其人, 少忽敎導之方? 將來成就, 付予其人, 方今指導, 自有其責.

학문에 종사하는 자가 천만이나 되지만 학문을 성취하는 자는 대단히 드물다. 학문의 성취는 무엇으로 기준을 삼을 것인가? 하늘과 사람의 큰 도를 분명히 이해하여 자기 몸에 실천하고 후학을 위해 길을 열어주는 것, 이것이 바로 그 기준이다.

從學者千萬, 而成就者稀罕, 學之成就, 以何爲準? 天人大道, 見得分明, 行之於身而開後學, 卽準的也.